本書係「敦煌文獻系統性保護整理出版工程」項目成果

二〇二一—二〇三五年國家古籍工作規劃重點出版項目

「十四五」國家重點出版物出版規劃項目

國家古籍整理出版專項經費資助項目

中國國家圖書館藏敦煌文獻

中國國家圖書館 編

第一七册

BD00219～BD00232

國家圖書館出版社

DUNHUANG MANUSCRIPTS IN THE NATIONAL LIBRARY OF CHINA

017

BD00219 ~ BD00232

compiled by the

National Library of China

National Library of China Publishing House

凡例

一 本書刊布中國國家圖書館藏敦煌文獻，以館藏編號爲序編排。

二 館藏編號采用「BD+流水號」格式，如BD00001, BD16579等。背面在編號後加v表示。一個編號包含多件文獻者，編號後分別綴以字母A, B, C等。一件文獻含有多個内容者，以數字-1, -2, -3等標明順序。

三 圖版有縮印或放大處另加説明，尺寸超出本書幅面的以摺葉形式呈現。

四 卷軸裝、梵夾裝、經摺裝等裝幀形制的敦煌文獻，各附外觀圖像。

五 每件文獻依次呈現外觀、正面、背面等。背面僅刊布有文字、圖像或其他要素的圖版，而略去素紙部分，背面圖版同樣以從右到左順序編排。凡有外題者，遵從以上原則。

六 除個別特殊情況外，爲保證閲讀連貫、流暢，圖版儘量通欄呈現。

七 各葉上方附該件文獻全圖，以高亮形式顯示本葉大圖在全卷中的位置。部分長卷文獻全圖衹能分多段呈現時，在上段末以❮符標示下段接續。卷尾内容不足一葉時，文獻全圖使用該圖卷尾部分，亦以❮符標示。背面圖版文字與正面文字方向相反時，文獻全圖按原貌顯示，正文翻轉呈現，以便閲讀研究，用↻符標示。

八 文獻題名大體沿用中國國家圖書館此前所編多部敦煌文獻目録的考證，部分吸收學界最新研究成果略作調整和完善。文獻題名綜合參考原卷首題、尾題、外題確定，如原卷題名與該文獻正式名稱不同，則采用正式名稱；無題名者，或比定題名，或擬定新名。非漢文文獻在題名前標注語種。有分卷不同等其他情況者，括注於文獻名稱後。

九 本書著録使用通行繁體字，涉及原文中的人名、地名等，必要時保留原字形。

About this publication

1. The documents are presented in shelfmark order.
2. The shelfmarks are in the form BD plus a running number, eg. BD00001, BD16579, &c. If a given shelfmark contains multiple documents, these are distinguished by the letters A, B, C, &c. If a document has multiple contents, they are distinguished by the numbering 1, 2, 3, &c. The verso side of an item is indicated by the letter v.
3. If it has been necessary to reduce or enlarge the size of an illustration, the dimensions are indicated. If the size of an illustration exceeds the size of the book, a folding sheet is used.
4. If the document is a scroll, a folded sutra, or has a stitched binding, a picture of the whole object is provided to show its external appearance.
5. The cover, front, and back of each document are reproduced in sequence. The back of a document is only reproduced if it contains text, illustrations, or other markings, and it is oriented from right to left. If it is blank it is not reproduced.
6. Except in a few special cases, the lines of text are reproduced unbroken to make them coherent and easier to read.
7. An illustration of the complete document is reproduced at the top of each page, and the section where the main illustration appears is highlighted in order to indicate its position. If it has only been possible to reproduce a long scroll in sections, the direction symbol has been used to indicate where one illustration ends and the next one begins. If the end of the scroll occupies less than one page, the direction symbol is used to indicate its position in the illustration of the complete document. If the text on the back of the document has a different orientation from the text on the front, it is reproduced as it is, but is also rotated (indicated with the rotation symbol) so that it can be read easily.
8. The titles of the documents generally conform with those already established by the Library, but in some cases have been amended by drawing on the most recent scholarly research. The titles are derived firstly from the beginning of the text, then from the end of the text, and lastly from the cover. If the title of a document differs from its authoritative form, the authoritative form is used; and if a document has no title, one is either supplied by comparison with similar documents, or a new one is devised. If the document is not in Chinese, its language is indicated before the title. If the number of juan is different from that of the authoritative version, or if there are other irregularities, this is noted.
9. The documents in the book are in traditional Chinese characters. Where the title contains personal or place names, the original characters used for these names are retained.

(Translated by David Helliwell)

第一七册目録

BD00219 文殊師利所説般若波羅蜜經序偈釋

141.6cm × 26.8cm

作是念我當射鐵射鐵戲已无復前意隨其
可思議定何以故此定不可思議故尒時舍利弗
白佛言世尊文殊師利未應得住何以故離
此不可思議定更有寂靖定是其所應得故
文殊師利白舍利弗言汝云何知離此不可思
議定更有寂靖定不大德舍利弗若此不可
思議定可得者可離此定有寂靖定若此
不可思議定不可得者彼寂靖定亦不可
得何以故大德舍利弗以此不可思議定不
可得故彼亦不可得復次大德舍利弗无
有衆生不得此定者一切衆生皆得此定何
以故一切諸心无心故彼无心性即是此定是
故一切衆生皆得此定

正智无法心 不見……

猶如學射人 初中及後巧 遂更无前意 彼定亦復然

身子又生疑 汝今未可住 離是不思議 別有寂定故

文殊復答言 我无如是意 二定俱不得 云何捨取彼

如是不思議 一切皆同得 以彼心非心 即是深三昧

是寂勝義分第三十四

尒時世尊嘆文殊師利善哉善哉文殊師利

如汝所說是寂勝義汝於久遠无量佛所深

種善根能作是說文殊師利汝作是念我住

般若波羅蜜能說此言不文殊師利白佛言

不也世尊我无此念世尊若我有此念我住

般若波羅蜜能說此言者我則住可得法世

尊我若住我相有是念是故我不作此念

住般若波羅蜜能說此言尒時佛告文殊師利

雖當言汝所說文殊師利白佛言世尊若……

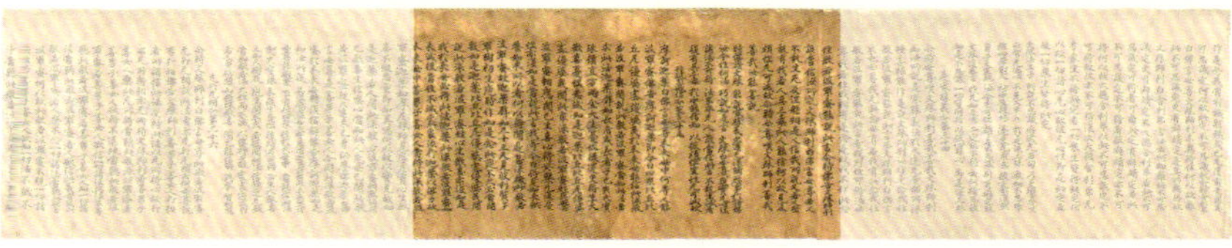

住般若波羅蜜能說此言尒時佛告文殊師利
誰當信汝所說文殊師利白佛言世尊若人
不執生死及涅槃相是人信我所說又若人堅
執有我若人具三毒此人能信何以故見及
煩惱无可滅故尒時世尊嘆文殊師利善哉
善哉汝能善說
時佛讚文殊　能說最勝義　久遠已深脩　歷事於諸佛
汝今住何法　巧說如是言　文殊白世尊　我實无心住
諸法不可得　法界本无人　誰當信此言　不執生滅者
復有具三毒　於中能信知　以彼煩惱空　性无可滅故
辟喻誠信分第三十五
摩訶迦葉白佛言世尊未來世中何等人能
波羅蜜佛告摩訶迦葉即今日四衆比丘比

若波羅蜜聞説此般若波羅蜜心不……
求此法迦葉辟如長者或長者子已失大寶
珠價直万兩金大生憂惱後還更得生大
歡喜憂惱悉滅如是迦葉比丘比丘尼優婆
塞優婆夷聞此甚深般若波羅蜜經與般若
波羅蜜相應聞已生喜心得安樂无復憂
惱亦復如是當説此言我等今日得見如来供
養如来所以者何以得聞是甚深微妙般若
波羅蜜故迦葉辟如三十三天見波利質多
羅樹初生皰時作如是念此皰不久必當開
敷如是迦葉比丘比丘尼優婆塞優婆夷聞
説此深般若波羅蜜經心生歡喜亦復如是
我於来世必得此法迦葉此深般若波羅蜜如
来滅後當住不滅處處流行迦葉以佛力故
未来世中善男子善女人當得此深般若波

来滅後當住不滅處處流行迦葉以佛力故
未来世中善男子善女人當得此深般若波
羅蜜迦葉如摩尼珠師見摩尼寶心生歡
喜不假思量即知真偽何以故以寶見故如
是迦葉若人聞此深般若波羅蜜相應法聞
已歡喜生信樂心當知此人先世已聞此般
若波羅蜜從久遠来已曾供養佛迦葉白佛
言世尊是善男子善女人今聞此深般若波
羅蜜於未来世轉復信解佛告摩訶迦葉如是
如汝所説 甚深般若法 妙義實難聞 迦葉諸佛起 未来何人信
世尊諦觀察 唯有彼四衆 後於未来世 當能信此法
如人失寶珠 未獲生憂惱 後時遇獲得 必生大歡喜
又如天樹花 疱生聞不久 若彼聞此法 信發定无疑
當知般若法 久住而不滅 以佛神力故 處處遍流行
告舍利弗 如護深歡喜 聞已法言辭 [illegible] 皆自慶

尒時文殊師利白佛言世尊此般若波羅蜜
无行无相説此法者亦无行无相云何世尊説
有行相佛告文殊師利善男子善女人行相
者所謂信此法受持此法以无所得心故行
亦无所得相亦无所得文殊師利若善男子
善女人樂此无所得當聽此般若波羅蜜若
善男子善女人欲得不退地當聽此般若波
羅蜜若善男子善女人欲信一切諸法與法界等
聽此般若波羅蜜若善男子善女人知一切諸
法當聽此般若波羅蜜若人欲信此義當聽此
般若波羅蜜若人樂不念一切諸法當聽此般若
波羅蜜何以故此般若波羅蜜不現一切諸
法故若善男子善女人欲知一切法不穢不
淨當聽此般若波羅蜜若善男子善女人欲

BD00220

妙法蓮華經卷七

（後秦）鳩摩羅什 譯

246.5cm × 27.5cm

小小復現大於空中滅忽然在地入地如水
履水如地現如是等種種神變令其父王心
淨信解時父見子神力如是心大歡喜得未
曾有合掌向子言汝等師為是誰誰之弟
子二子白言大王彼雲雷音宿王華智佛今
在七寶菩提樹下法座上坐於一切世間天人
衆中廣說法華經是我等師我是弟子父
語子言我今亦欲見汝等師可共俱往於是
二子從空中下到其母所合掌白母父王今
已信解堪任發阿耨多羅三藐三菩提心我
等為父已作佛事願母見聽於彼佛所出家
修道尒時二子欲重宣其以偈白母
願母放我等　出家作沙門　諸佛甚難值　我等隨佛學
如優曇鉢羅　值佛復難是　脫諸難亦難　願聽我出家

是二子白父母言善哉父母願時往詣雲雷
音宿王華智佛所親近供養所以者何佛難
得值如優曇波羅華又如一眼之龜值浮木
孔而我等宿福深厚生值佛法是故父母當
聽我等令得出家所以者何諸佛難值時亦
難遇彼時妙庄嚴王後宮八万四千人皆悉
堪任受持是法華經淨眼菩薩於法華三昧
久已通達淨藏菩薩已於无量百千万億劫
通達離諸惡趣三昧欲令一切衆生離諸惡
趣故其王夫人得諸佛習三昧能知諸佛秘
密之藏二子如是以方便力善化其父令心
信解好樂佛法於是妙庄嚴王與羣臣眷
屬俱淨德夫人與後宮采女眷屬俱其王二

屬俱淨德夫人與後宮采女眷屬俱其王二
子與四万二千人俱一時共詣佛所到已頭面
礼足繞佛三帀却住一面尒時彼佛為王説
法示教利喜王大歡喜尒時妙莊嚴王及其
夫人解頸真珠瓔珞價直百千以散佛上於
虚空中化成四柱寶臺臺中有大寶床敷百
千万天衣其上有佛結加趺坐放大光明尒
時妙莊嚴王作是念佛身希有端嚴殊特
成就第一微妙之色時雲雷音宿王華智佛告
四衆言汝等見是妙莊嚴王於我前合掌立
不此王於我法中作比丘精勤脩習助佛道法
當得作佛号娑羅樹王國名大光劫名大高
王其娑羅樹王佛有无量菩薩衆及无量

道王出家已於八万四千歲常勤精進脩行
妙法華經過是已後得一切淨功德莊嚴三
昧即昇虛空高七多羅樹而白佛言世尊此
我二子已作佛事以神通變化轉我邪心令
得安住於佛法中得見世尊此二子者是我
善知識為欲發起宿世善根饒益我故來生
我家尒時雲雷音宿王華智佛告妙莊嚴王
言如是如是如汝所言若善男子善女人種善
根故世世得善知識其善知識能作佛事示
教利喜令入阿耨多羅三藐三菩提大王
當知善知識者是大因緣所謂化導令得見
佛發阿耨多羅三藐三菩提心大王汝見此
二子不此二子已曾供養六十五百千万億那
由他恒河沙諸佛親近恭敬於諸佛所受

由他恒河沙諸佛親近恭敬於諸佛所受
持法華經愍念邪見衆生令住正見妙莊嚴
王即從虛空中下而白佛言世尊如來甚希
有以功德智慧故頂上肉髻光明顯照其眼
長廣而紺青色眉間豪相白如珂月齒白齊
密常有光明脣色赤好如頻婆果尒時妙莊
嚴王讚歎佛如是等无量百千万億功德已
於如來前一心合掌復白佛言世尊未曾有
也如來之法具足成就不可思議微妙功德
教戒所行安隱快善我從今日不復自隨心
行不生邪見憍慢瞋恚諸惡之心說是語已
礼佛而出佛告大衆於意云何妙莊嚴王
豈異人乎今華德菩薩是其淨德夫人今佛

者今華德菩薩是其淨德夫人今佛前光照莊嚴相
菩薩是是藥王藥上菩薩成就如此諸大功
德已於无量百千万億諸佛所殖衆德本成
就不可思議諸善功德若有人識是二菩薩
名字者一切世間諸天人民亦應礼拜佛說是
妙庄嚴王本事品時八万四千人遠塵離垢
於諸法中得法眼淨

妙法蓮華經普賢菩薩勸發品第二十八

尒時普賢菩薩以自在神通威德名聞與大
菩薩无量无邊不可稱數從東方來所經諸
國普皆震動雨寶蓮華作无量百千万億種
種伎樂又與无數諸天龍夜叉乾闥婆阿脩
羅迦樓羅緊那羅摩睺羅伽人非人等大衆
圍繞各現威德神通之力到娑婆世界耆闍
崛山中頭面礼釋迦牟尼佛右繞七帀白佛

崛山中頭面礼釋迦牟尼佛右繞七帀白佛
言世尊我於寶威德上王佛國遥聞此娑婆
世界說法華經與无量无邊百千万億諸菩
薩衆共來聽受唯願世尊當為說之若善男
子善女人於如來滅後云何能得是法華經
佛告普賢菩薩若善男子善女人成就四法
於如來滅後當得是法華經一者為諸佛護
念二者殖衆德本三者入正定聚四者發救一
切衆生之心善男子善女人如是成就四法
於如來滅後必得是經尒時普賢菩薩白佛
言世尊於後五百歲濁惡世中其有受持是
經典者我當守護除其衰患令得安隱使
无伺求得其便者若魔若魔子若魔女若魔

惱人者皆不得便是人若行若立讀誦此經
我尒時乘六牙白象王與大菩薩衆俱詣其
所而自現身供養守護安慰其心亦為供養
法華經故是人若坐思惟此經尒時我復乘
白象王現其人前其人若於法華經有所忘
失一句一偈我當教之與共讀誦還令通利
尒時受持讀誦法華經者得見我身甚大歡
喜轉復精進以見我故即得三昧及陀羅尼
名為旋陀羅尼百千万億旋陀羅尼法音
方便陀羅尼得如是等陀羅尼世尊若後世
後五百歲濁惡世中比丘比丘尼優婆塞優
婆夷求索者受持者讀誦者書寫者欲脩
是法華經於三七日中應一心精進滿三七日
已我當乘六牙白象與無量菩薩而自圍繞

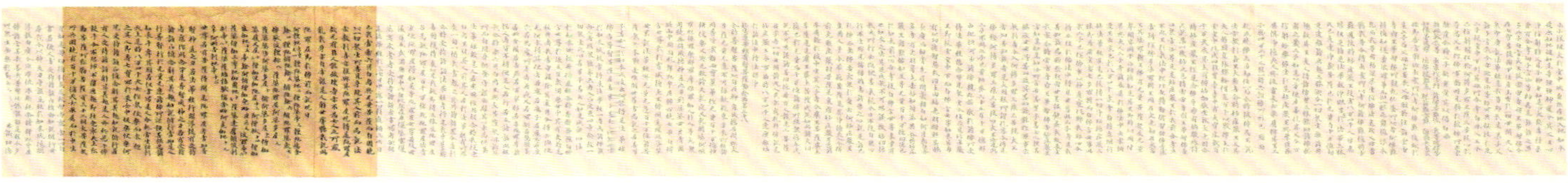

已我當乘六牙白象與无量菩薩而自圍繞
以一切衆生所喜見身現其人前而為說法
示教利喜亦復與其陁羅尼呪得是陁羅尼
故无有非人能破壞者亦不為女人之所惑
亂我身亦自常護是人唯願世尊聽我說此

陁羅尼即於佛前而說呪曰
阿檀地途賣反一 檀陁婆地二 檀陁婆帝三 檀陁鳩舍
隸四 檀陁修陁隸五 修陁隸六 修陁羅婆底七
佛馱波羶祢八 薩婆陁羅尼阿婆多尼九
薩婆婆沙阿婆多尼十 修阿婆多尼十一 僧伽
婆履叉尼十二 僧伽涅伽陁尼十三 阿僧祇十四 僧伽
波伽地十五 帝隸阿惰僧伽兜略盧遮反 波羅帝十六
薩婆僧伽三摩地伽蘭地十七 薩婆達磨修波利

世尊若有菩薩得聞是陁羅尼者當知普
賢神通之力若法華經行閻浮提有受持
者應作此念皆是普賢威神之力若有受持
讀誦正憶念解其義趣如說脩行當知是人
行普賢行於无量无邊諸佛所深種善根為諸
如來手摩其頭若但書寫是人命終當生忉利
天上是時八万四千天女作衆伎樂而來迎
之其人即著七寶冠於婇女中娛樂快樂何
況受持讀誦正憶念解其義趣如說脩行若
有人受持讀誦解其義趣是人命終為千佛
授手令不恐怖不墮惡趣即往兜率天上彌
勒菩薩所彌勒菩薩有三十二相大菩薩衆
所共圍繞有百千万億天女眷屬而於中生

所共圍繞有百千万億天女眷屬而於中生
有如是等功德利益是故智者應當一心自
書若使人書受持讀誦正憶念如說脩行世
尊我今以神通力守護是經於如來滅後閻
浮提内廣令流布使不斷絶尒時釋迦牟尼
佛讚言善哉善哉普賢汝能護助是經令多
所衆生安樂利益汝[illegible]思議功德

BD00221　佛名經（十六卷本）卷一六

666.6cm × 31.4cm

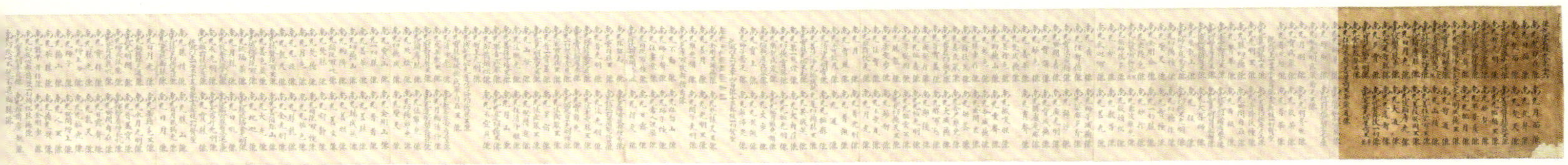

佛說佛名經卷第十六
南无衆自在佛　南无月面佛
南无日面佛　南无梵聲佛
南无梵面佛　南无梵天佛
南无因陀羅雞兜幢佛　南无善思惟月勝成就王佛
南无智光明佛　南无无垢稱王佛
南无樂說莊嚴雲德佛　南无妙聲佛
南无清淨面无垢勝月燈佛　南无平等意佛
南无樂說聲佛　南无无垢月佛
南无无垢清淨金色決定光明威德王佛

南无寶光明轉王佛
南无不可數發精進決定佛
南无目阿羅雞光幢王佛
南无波頭摩勝佛
南无日月光佛
南无波頭摩勝步佛
南无大通智勝佛
南无多寶佛
南无日月无垢光明佛
南无雲妙鼓聲王佛
南无住持水聲善星宿王華嚴通佛

南无智通佛
南无山積佛
南无善住娑羅王佛
南无善住堅固王佛
南无波頭摩光佛
南无大通佛
南无无邊智佛
南无吼聲降伏一切佛
南无蓮華无垢星宿王華佛

南无住持水聲善星宿王華嚴通佛
南无无垢身佛　南无那羅伽鉤羅勝佛
南无智照佛　南无現一切功德光明奮迅王佛
南无照光明莊嚴奮迅王佛
南无月明佛　南无光明普照佛
南无寶莊嚴佛　南无散華佛
南无普世燈佛　南无普華佛
從此以上一万二千三百佛十二部經一切賢聖
南无普光明勝山王佛　南无善住功德摩尼山佛
南无光明王佛　南无不可降伏幢佛
南无勝功德佛　南无世間自在佛

南无勝功德佛　南无世間自在佛
南无普華佛　南无舌根佛
南无虛空輪清淨王佛　南无勝光明波頭摩數身佛
南无一切寶摩尼王佛　南无寶光明日月輪智佛
南无威德蜎頭聲王佛　南无大導師佛
南无樂說山佛　南无任佛
南无師子鳥奮迅佛　南无一切德王光明佛
南无一切德幢佛　南无一切德作佛
南无聖天佛　南无寶幢佛
南无金剛合佛　南无一切勝佛
南无安隱色佛　南无妙行佛
南无波婆羅伽婆羅佛　南无非波雞兜佛

南无波婆羅伽婆羅佛　南无非波雞兜佛
南无梨師摇多佛　南无破煩惱佛
南无妙佛　南无敷等佛
南无敷迦羅佛　南无善光佛
南无吉佛　南无師子威德佛
南无住智德佛　南无婆那多香佛
南无寶法廣稱佛　南无歸沙佛
南无世間喜佛　南无廣光明佛
南无寶稱佛　南无寶威德佛
南无妙色佛　南无脩盧遮那佛
南无善華佛　南无真聲佛

南无善業佛
南无梵威德佛
南无善行色佛
南无功德山佛
南无妙色佛
南无勝步行佛
南无降伏怨佛
南无喜莊嚴佛
南无般若功德光佛
南无普寶蓋佛
南无成就行佛
南无无垢喜佛

南无眞聲佛
南无微咲眼佛
南无雲聲佛
南无命威德佛
南无世間求佛
南无供養佛
南无舍尸難兒佛
南无大威德佛
南无那羅延佛
南无難優佛
南无无垢光明佛

南无无垢喜佛　南无无垢光明佛
南无厚堅固佛　南无无垢雲王佛
南无勝護佛　南无梵功德天王佛
南无虛空步佛　南无妙智佛
南无法寶佛　南无不空見佛
南无難降伏光佛　南无月光佛
南无月佛　南无普光明佛
南无寶勝佛　南无普觀佛
南无不可數見佛　南无通佛
南无清淨光明寶佛　南无无垢辟佛
南无善洗淨无垢成就无邊功德勝王佛

南无寶勝无垢王劫佛　南无義成就佛
南无第一然燈佛　南无大自在佛
南无功德寶勝佛　南无无垢光明佛
南无集說莊嚴佛　南无无垢月雞兜稱佛
南无拘蘇摩莊嚴佛　南无大步佛
南无寶上佛　南无无畏觀佛
南无師子奮迅佛　南无離怖畏佛
從此以上一万二千四百佛十二部經一切賢聖
南无不怯弱離驚怖佛
南无金剛王威德佛　南无梵勝天王佛
南无善月佛　南无光明王佛
[illegible]

南无善月佛　南无光明王佛
南无難兜稱佛　南无閻浮光明佛
南无多摩羅跋旃檀香佛
南无不動佛　南无弥留山佛
南无師子聲佛　南无師子幢佛
南无住虛空佛　南无常入涅槃佛
南无因陁羅幢佛　南无甘露佛
南无降伏一切世間怨佛　南无得度佛
南无弥留劫佛　南无多摩羅跋旃檀香佛
南无雲自在王佛　南无能破一切世間驚怖畏佛
南无普光明佛　南无法光明佛

南无海住持奮迅通佛　南无法虛空勝王佛
南无七寶波頭摩步佛　南无寶雞兜佛
南无一切衆生愛見佛　南无循足百千光明幢佛
南无婆羅自在王佛　南无法莊嚴王佛
南无普一寶蓋佛　南无星宿佛
南无普光明奮迅王佛　南无法莊嚴王佛
南无山燈佛　南无堅精進佛
南无法照光佛　南无住清淨眼佛
南无善住淨境界佛　南无月山佛
南无畢竟莊嚴佛　南无无邊功德王佛
南无離諸煩惱佛　南无不空見佛

南无離諸煩惱佛　南无不空見佛
南无智上光明佛
南无成就无垢无邊清淨功德勝王佛
南无寶勝智威德莊嚴自在王佛
南无清淨光佛　南无數華娑羅自在王佛
南无火華數王佛　南无月輪清淨佛
南无寂靜月聲王佛　南无无邊堅精進任勝佛
南无波頭摩勝佛　南无法雞兜佛
南无然燈佛　南无功德雞兜佛
南无功德成佛　南无聖天佛
南无寶山佛　南无金剛山佛

南无一切勝佛
南无善華佛
南无功德山佛
南无拘隣佛
南无頭陁羅吒佛
南无梵勝佛
南无梵德佛
南无月色佛
南无无染佛
南无龍天佛
南无勝聲陁羅王佛

南无普香佛
南无善勝佛
南无勝伏就佛
南无善眼佛
南无善生佛
南无寂靜佛
南无日陁羅幢佛
南无无垢色佛
南无勝龍佛
南无金光明佛
南无善須弥山佛

南无勝聲陁羅王佛　南无善須弥山佛
南无善色藏佛　南无火光佛
南无威德日陁羅佛　南无地迦佛
南无琉璃華佛　南无勝琉璃金光明佛
南无月勝佛　南无日吼佛
南无散華莊嚴光明佛　南无婆伽羅勝智奮迅通佛
南无水光明佛　南无大香行光明佛
南无離一切瞋恨意佛　南无寶勝佛
從此以上一万二千五百佛十二部經一切賢聖
南无勝積佛　南无勝山佛
南无住持功德通法佛　南无日月琉璃光佛

南无心菩提華勝佛　南无日月佛
南无日月光佛　南无華鬘色王佛
南无鈎脩弥多通佛　南无水月光明佛
南无破无明闇佛　南无普蓋寶佛
南无增長法集佛　南无種師子聲增長吼佛
南无梵自在龍吼佛　南无世間自在佛
南无寶作佛　南无甘露聲佛
南无勝光佛　南无龍天佛
南无增上力佛　南无无垢光佛
南无師子佛　南无世間增上佛
南无德山佛　南无人王佛

南无德山佛　南无人王佛
南无華勝佛　南无德无畏佛
南无能平等作佛　南无金剛步佛
南无初發心離諸畏一切煩惱勝德佛
南无寶光明步為佛　南无離諸魔髮佛
南无初發心不就不退輪勝佛
南无寶蓋勝光明佛　南无能教化諸菩薩佛
南无初發心人斷一切煩惱染佛
南无勝光明王佛　南无三昧寸勝佛
南无波頭摩上勝佛　南无日輪光明佛
南无日輪光明勝佛　南无均寶蓋佛

南无增上三昧奮迅佛　南无寶華普照勝佛
南无最勝波頭摩步佛　南无寶輪光明勝德佛
南无寶藏佛　南无寶勝佛
南无寶燈王佛　南无堅精進思惟成就義佛
南无普光明觀勝佛　南无慈莊嚴功德稱佛
南无世間自在王佛　南无難勝佛
南无稱一切衆生念勝功德佛　南无吉稱功德佛
南无畢竟慚愧稱勝佛　南无廣光明佛
南无樂說莊嚴思惟佛　南无无垢月離光稱佛
南无鉤鎖摩莊嚴光明佛　南无寶稱佛
南无无畏觀佛　南无師子力奮迅佛

南无无畏観佛　南无師子力奮迅佛
南无伽耶歌王光明佛　南无賢作佛
南无无垢光明佛　南无功德寶光明佛
南无精進力成就佛　南无善清淨光佛
南无得集一切縛佛　南无无垢波頭摩藏勝佛
南无得无障导力解脫佛　南无十方稱名无畏佛
南无金剛勢佛　南无大寶聚佛
南无无邊功德莊嚴威德王劫佛
南无功德寶山佛　南无說一切莊嚴勝佛
南无无邊樂說莊嚴成就智佛
南无十雲乳聲王佛
南[illegible]金[illegible]无月威德勝[illegible]佛

南无妙金色光明威德勝照佛
南无種種威德王劫佛
南无阿僧祇億劫成就智佛
南无清淨金臺空乳光明佛
南无普光明佛　南无功德多寶海王佛
南无不空功德佛　南无妙鼓聲佛
南无照一切處佛　南无普見佛
南无法自在佛　南无光明幢佛
南无大炎聚佛　南无婆羅胎佛
南无智難勝佛
從此以上一万二千六百佛十二部經一切賢聖

從此以上一万二千六百佛十二部經一切賢聖
南无寶尸棄佛　南无波頭摩藏佛
南无一切勝佛　南无婆伽羅佛
南无一切勝佛　南无婆羅自在王佛
南无華佛　南无勝稱佛
次礼十二部尊經大藏法輪
南无五切怖經　南无父母因緣經
南无內外无為經　南无五失蓋經
南无浮木經　南无內外六波羅蜜經
南无佛土莊嚴淨經　南无鬼子母經
南无難龍王經　南无佛說善意經
南[illegible]觀[illegible]經　南[illegible]經

南无観行移四事經
南无難提和羅經
南无佛有百比丘經
南无旃陀越經
南无観世音大勢至受決經
南无梅有八事經
南无佛從上所行世偈經
南无目連上淨居士經
南无佛在竹園經
南无堅心經
南无目法經
南无佛告舍利日經

次礼十方諸大菩薩

南无目慧世界堅固林菩薩
南无清淨慧世界如来林菩薩
南无梵慧世界智林菩薩
南无目陁羅世界法慧菩薩
南无蓮華世界一切慧菩薩
南无衆寶世界勝慧菩薩
南无優鉢羅世界功德慧菩薩
南无妙行世界精進慧菩薩

南无優鉢羅世界功德惠菩薩
南无善行世界善惠菩薩
南无星宿世界真寶慧菩薩
南无妙行世界精進惠菩薩
南无歡喜世界智慧菩薩
南无歡慈世界无上慧菩薩
南无虛空世界堅固慧菩薩
南无堅固寶王世界金剛幢菩薩
南无堅固金世界夜光幢菩薩
南无堅固摩尼世界智幢菩薩
南无堅固金剛世界寶幢菩薩
南无堅固蓮華世界精進幢菩薩
南无堅固青蓮華世界離垢菩薩
南无堅固旃檀世界真寶幢菩薩
南无堅固音世界法幢菩薩

南无堅固香世界法幢菩薩
南无淨光世界念意菩薩
次礼聲聞緣覺一切賢聖
南无香辟支佛　南无有香辟支佛
南无見乘勝辟支佛　南无可波羅辟支佛
南无騰摩利辟支佛　南无月淨辟支佛
南无善智辟支佛　南无脩陀羅辟支佛
南无善法辟支佛　南无應求辟支佛
南无顯求辟支佛　南无大勢辟支佛
南无脩行不著辟支佛　南无難捨辟支佛
南无賓辟支佛　南无不可比辟支佛
南无歡喜辟支佛　南无喜辟支佛

南无歡喜辟支佛　南无喜辟支佛
南无随喜辟支佛　南无十二婆羅墮辟支佛
南无吉若婆羅辟支佛　南无大身辟支佛
礼三寶已次復懺悔
弟子今以惣相懺悔一切諸業今當次第更復二
别相懺悔若惣若别若麁若細若輕若重若説
不説品類相從願皆消滅别相懺悔先懺身三
次懺口四其餘諸鄣次第稽顙身三業者第一煞
害如經所明怨己可爲喻勿煞勿行杖雖復禽
獸之殊保命畏死其事是一若尋此衆生无始以
來或是我父母兄弟六親眷屬以業因緣輪迴六
道出生入死改形易報不復相識

道出生入死改形易報不復相識而今興害食噉
其肉傷慈之甚是故佛語設得餘食當如飢世
食子肉想何况食噉此魚肉耶又言為利煞衆生
以錢納衆生肉二俱是惡業死墮叫呼地獄故知煞
害及以食噉罪深河海過重丘岳然吾等無始
以來不遇善友皆為此業是故經言煞害之罪能
令衆生墮於地獄餓鬼受苦若在畜生則受虎
豹豺狼鷹鷂等身或受毒蛇蝮蝎等身常懷惡
心或受麞鹿熊羆等身常懷恐怖若生人中
得二種果報一者多病二者短命煞害食噉既有
如是無量種種諸惡果報是故弟子今日稽顙歸
依佛

依佛
南无東方滅諸怖畏佛　南无南方日月燈明佛
南无西方覺華光佛　南无北方發功德佛
東北方除衆生暗滅寶佛　西南方无生自在佛
西北方大神通王佛　東北方空離垢心佛
南无下方同像空无佛　南无上方瑠璃藏勝佛
如是十方盡虛空界一切三寶至心歸命常住三寶
弟子等自從无始以來至於今日有此心識常懷慘
毒无慈愍心或因貪起煞因瞋因癡及以慢煞或興
惡方便願煞教煞及以呪煞或破決湖池焚燒山
野田獵漁捕或因風放火飛鷹放犬惱害一切如
是等罪今悉懺悔至心歸命常住三寶

是等罪今悉懺悔至心歸命常住三寶
或以檻㯻坑撥叉戟擒乾弓弩彈射飛鳥走獸之
類或以罛網罾釣抖撥水性魚鼈黿鼉蝦蜆螺
蜯溼居之屬使水陸之與空行藏竄无地或畜養
雞豬牛羊犬豕鵝鴨之屬自供庖廚或賃他宰煞
使其哀聲未盡毛羽脫落鱗甲傷毀身首分離
骨肉銷碎剝裂屠割炮燒煮炙楚毒酸切横加
无辜但取一時之快口不知嬰苦之者痛得未甚實
不過三寸舌根而已然其罪報殃累劫如是等罪
今日至誠皆悉懺悔至心歸命常住三寶
又復无始以來至於今日或復興師相伐疆埸交
諍兩陣相向更相殺害或自殺教殺聞殺歡喜或

諍兩陣相向更相煞害或自煞教煞聞煞歡喜或
習屠膾賃爲形殺烹宰他命行於不忍或恣
忿怒揮戈舞刃或斬或判或推著坑塹或以水沉
溺或塞穴壞巢土石塠押或以車馬雷轢踐蹹一
切衆生如是等罪无量无邊今日發露皆悉懺悔
至心歸命常住三寶
又復无始以來或墮胎破卵毒藥蠱道傷殺衆生
墾土掘地種殖田園養蚕煮繭傷煞滋甚或打撲
蚊虻掐嚙蚤虱或燒除糞掃開決溝渠枉害一切
或噉菓實或用穀米或木或菜橫煞衆生或然樵
薪或露燈燭燒諸虫類或食醬酢不看搖動
或寫湯水澆殺虫蟻如是乃至行住坐卧四威儀中

恒常傷煞飛空著地細微眾生弟子以凡夫識暗
不覺不知今日發露皆悉懺悔至心歸命常住三寶
又復弟子无始以來至於今日或以鞭杖枷鎖桁械壓
柆考掠打擲手脚蹴蹹拘縛籠繫斷絕水穀如是
種種諸惡方便苦惱衆生今日至誠向十方佛尊法
聖衆皆悉懺悔至心歸命常住三寶
願弟子等承是懺悔煞害等罪所生功德生生世世
得金剛身壽命无窮永離怨憎无煞害想於諸
衆生得一子地若見危難急厄之者不惜身命方便
救解令得解脫然後為說微妙正法使諸衆生覩
形見影皆蒙安樂聞名聽聲恐怖悉除至心歸命

形見影皆䘮安樂聞名聽聲恐怖悉除至心歸命
常住三寶
佛説罪業報應教化地獄經
復有衆生五根不具何罪所致佛言以前世時飛鷹
走狗彈射鳥獸或破其頭或斷其足生搣頂翼故
獲斯罪
復有衆生瘂癖背僂腰跨不隨脚跛手折不能行
步何罪所致佛言以前世時為人道魁行道安鏘或
施射弋陷墜衆生前後非一故獲斯罪
復有衆生為諸獄卒執繫其身枷杻苦厄不能
得免何罪所致佛言以前世時網捕衆生籠繫六
畜或為宰主令長貪取民物枉繫良善怨訴无所

[illegible]
故獲斯罪
復有衆生或瞋或癡或狂或騃不別好醜何罪所
致佛言以前世時飲酒醉亂卅六失後得癡身如
似醉人不別尊卑故獲斯罪
南无見寶佛　南无智弥留佛
南无[illegible]德佛　南无勝行佛
南无星[illegible]佛　南无大莊嚴佛
南无光明王佛　南无能人佛
南无自在山佛　南无日面佛
南无善意佛　南无龍勝佛
南无非沙佛　南无藥王佛

南无非沙佛　南无藥王佛
□以上二万二千七百佛十二部經一切賢聖
南无師子山佛　南无住持勝功德佛
南无飲甘露佛　南无放炎佛
南无山佛　南无護世間供養佛
羅尸棄佛　南无難勝佛

BD00222　大佛頂如來密因修證了義諸菩薩萬行首楞嚴咒（加前頌本）（擬）

357cm × 25.8cm

尊目不瞬息
尒時十方一切
香寶幢幡蓋并各將一殑伽沙眷屬來詣
花時十方佛告大菩薩言汝齎香花於娑
婆世界供養釋迦如來傳我教勅問訊
時諸菩薩承佛威力來詣娑婆世界王舍
大城衆會之中遶佛三匝頭面礼佛足却住一面
以諸香花散於虛空作如是言彼諸世尊勅
我來此問訊世尊少病少惱起居輕利欲說
大法今正是時唯願世尊爲我等及一切衆
生說尒時會中一切聲聞菩薩人天大衆龍
神八部普皆作礼異口同聲而白佛言世尊
[illegible]

尒時世尊已見十方諸佛菩薩人天請已即
入三昧寂然不語從肉髻涌出千道百寶
光明於光明中又涌出千葉蓮花臺有化如
來結跏趺坐座蓮華上其化佛頂上復放
十道百寶光明遍照十方世界一切毛孔皆
放香風有大金輪在虛空中轉其光明中皆
遍示現無量百千殑伽沙俱知那庚多金剛
密迹諸大神王力士等擎山持杵迴天轉日現
大神通衣甲煌耀路拔刀劒鐵棒輪索弓箭
鉤棚戟器鈴鐸鏍貝旌節旗幡幢蓋遍塞空
中或有雷電震動大聲日月無光一切天龍
不安其宮皆來雲集一切猛獸皆息毒心普
集大會鬼神戰慄手相安慰大衆仰觀怖畏

BD00222　大佛頂如來密因修證了義諸菩薩萬行首楞嚴咒（加前頌本）（擬）

集大會鬼神戰慄手相安慰大衆仰觀怖畏
歡喜各求哀祐尒時化佛無見頂相於其光
中出大梵音先說如是歸命驚悟群心即說偈
曰
南謨一切三世諸佛　南謨一切諸菩薩
南謨一切聲聞獨覺等　南謨一切諸鬼神
各各明聽我所勑　今當宣說大神呪
一切聞者當歡喜　恭敬作礼至心聽
南謨婆多(二合)他伽多耶一　蘇伽多耶二　囉訶帝
三糝藐糝步馱耶四　南謨婆縛勃馱步地婆
多吠弊標(二合　眡迦反　下同此也)　南謨颰多喃六　糝藐糝步
馱俱致喃七　婆尸羅(二合引)嚋迦僧伽喃八　南謨盧
[illegible]

(十二)南謨盧雞糝藐伽多喃(十三)糝藐波囉(二合)底
半那喃(十四)南謨提鞞利史喃(十五)南無悉耽肥
地世耽囉喃南謨悉耽肥地世(二合)耽囉利史喃
(十六)舍婆奴伽囉訶婆未他(二合)喃(十七)南謨婆囉(二合)訶
摩(二合)娑耶(十八)南謨因陁囉(二合)耶(十九)南謨婆伽嚩帝
(廿)嚕陁囉(二合引)耶(廿一)嗚摩波底娑醯夜耶(廿二)南謨
婆伽嚩帝(廿三)那(引)囉(引)也娑(引)耶(廿四)半遮摩訶
牟陁囉(廿五)南謨塞訖哩(二合)多耶(廿六)南謨婆伽嚩
帝(廿七)摩訶迦囉耶(廿八)底哩(二合)補囉那伽囉肥陁囉
波娑迦囉耶(廿九)阿地目帝迦尸摩(二合)舍那嚩悉
泥耶(卅)摩多哩(二合)伽娑南謨塞訖哩多耶(卅一)南謨
婆伽嚩帝多他伽多俱囉耶(卅二)南謨波頭摩
(二合)俱囉耶(卅三)南謨嚩視囉(二合)俱囉耶(卅四)南謨摩

BD00222　大佛頂如來密因修證了義諸菩薩萬行首楞嚴咒（加前頌本）（擬）

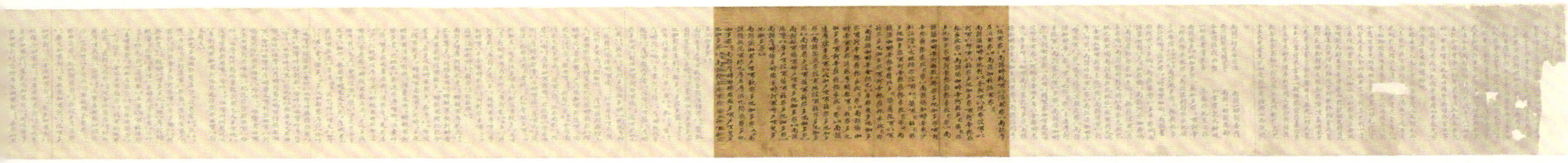

二合俱羅耶卌三南謨嚩視囉二合俱囉耶卌四南謨摩
庢俱囉耶卌五南謨伽社俱囉耶卌六
南謨婆伽嚩帝地利二合荼輸囉二合洗那波囉二合
訶囉二合婷囉二合社耶多他伽多耶囉訶帝糝狠
糝步馱耶卌七南謨婆伽嚩帝阿孫多引婆引耶
多他伽多耶囉訶帝糝狠糝步馱引耶卌八南
謨婆伽嚩帝阿迦數二合弊耶多他伽多耶囉訶
帝糝藐糝步馱引耶卌九南謨婆伽嚩帝裴沙
社俱嚕二合吠琉璃耶波囉二合引婆囉引社引耶
多他伽多耶囉訶帝糝狠糝步馱引耶卌南
謨婆伽嚩帝糝布瑟比多引婆蘭陁囉二合囉
社耶多他伽多耶囉訶帝糝狠糝步馱引耶

嚩帝囉多那俱蘇摩鷄都囉(引)社耶多他
伽多耶囉訶帝糝藐糝步䭾(引)耶卅三南謨
達摩娑牟陀囉(合二)吠加尸哩囉社耶多他伽多
耶卅四南謨娑底耶波羅地波囉社耶多他伽多
耶卅五南謨扇多波囉婆囉社耶多他伽多耶卅六
南謨妹囉婆囉嬭尸哩曳多他伽多耶卅七南謨
陁嚕(合二)摩尸哩波囉婆囉社耶多他伽多耶卅八
南謨薩嚩婆多嚩娑㝹嚩訶羅嬭尸哩曳多
他伽多耶卅九
南謨娑伽羅尸哩囉社耶多他伽多耶五十南
謨提斂陁囉珠吒摩左摩俱吒揭婆耶多他
伽多耶五十一南謨薩嚩迦鍊那翰多囉尸哩曳多
他伽多耶五十二南謨提斂陁囉揭婆尸哩囉社耶

他伽多耶五十二 南謨提飲陁囉揭婆尸哩囉社耶
多他伽多耶五十三
南謨達摩尸哩囉社耶菩提薩埵耶五十四 毉鄹
南謨塞訖哩二合多嚩五十五 伊曇婆伽伐多婆多二合
他伽都毱屋彩五十六 私多引 多波多籃二合五十七
那摩波囉覩多五十八 波囉二合登登凱反擬擬異反嚂五十九
薩嚩提吠喃六十 摩塞訖哩擔六十一 薩嚩提吠布
覩擔六十二 薩嚩提吠尸者二合 波哩波哩擔六十三 薩嚩
部多伽囉二合 訶你伽囉訶迦羅喃六十四 波囉肥地世
二合 制卑曳反引 耿你六十五 实彈多喃婆多嚩二合 喃陁摩劒
六十六 徒毱吒喃你嚩囉喃六十七 阿迦羅沒哩底預
二合 波唎多囉喃引 那迦唎六十八 薩嚩緣耿那帽乞

肥陁防二合娑引那迦哩七十一阿瑟吒篃徵鴂反舍底喃
七十二那乞刹多囉喃七十三波囉二合娑引陁那迦刹七十四阿
瑟吒二合喃七十五摩訶伽囉訶喃七十六肥陁防二合娑那迦
喇七十七薩縛舍都嚕二合你縛囉你七十八具囉喃七十九徒
淡佉二合那難遮那引舍你八十肥沙奢娑多囉二合
阿伽尼八十一嗚陁俱多囉尼八十二阿波囉視多八十三具囉
八十四摩訶縛囉摩訶戰婢八十五摩訶勢而惱反多八十六摩
訶帝社八十七摩訶尸廢二合多八十八視縛囉摩囉八十九摩
訶縛囉九十半荼囉縛私你九十一阿剌耶多囉九十二
婆喇俱知制嚩九十三社耶九十四肥社耶九十五
南謨尸哩摩訶提肥曳九十六嚩視囉摩礼底九十七
肥輸嚕多九十八波頭奔迦九十九嚩視囉餌訶嚩者
一百摩羅制縛波囉餌多一嚩餌羅檀馳肥舍

肥輸瞖多九十八波頸奈迦九十九嚩視羅餌訶嚩者
一百摩羅制嚩波囉餌多一嚩餌羅檀馳肥舍
邏遮二扇多吠提嚩布餌多三蘇摩摩醉反瞢波
四波囉餌多四嚩視囉商迦羅尸制嚩五多隨
嚩餌羅俱摩唎迦六俱藍隨唎七嚩視羅訶
婆多者八肥地世二合斡遮那摩哩迦九俱素吽
二合婆十囉多那吠盧遮那十一俱唎曳引菟瑟尼
二合沙十二肥視臨波摩嫔遮十三嚩視羅迦那迦波
囉婆十四瞢遮那十五嚩視羅敦尼遮十六尸吠多遮十七
迦摩羅十八乞叉引舍施波囉二合婆十九伊底曳帝羊
隨囉二合伽嫔廿絲婆囉嚩乞史夜弥廿一薩吠羅乜
幟俱囉飯底廿二履履稱名寫嗎吽二合哩史二合伽嫔
廿三波囉二合舍引婆多二合多他伽都瑟尼沙廿四唅吽

卌八唅吽二合咄嚕吽波囉卌九肥地世二合糅婆乞叉那迦
囉卌唅吽二合咄嚕吽薩嚩徒瑟吒喃娑揞婆那迦
囉卌一唅吽二合咄嚕吽薩嚩藥叉囉刹娑迦囉二合訶
喃肥陁防二合娑那迦囉卌二唅吽二合咄嚕吽者咄囉
尸底迦羅訶娑囉喃卌三肥陁防娑那迦囉卌四唅
吽二合咄嚕吽阿瑟吒角設底那乞叉多囉喃卌五
波囉娑耽那迦囉卌六唅吽二合咄嚕吽阿瑟吒喃
卌七摩訶迦羅伽羅訶喃肥陁防娑那迦囉卌八勒
叉勒叉卌九
薄伽梵多他迦都瑟尼沙卌波羅登同上反擬同上反
哩卌一摩訶引娑訶娑囉二合部諂卌二娑訶娑囉尸引
囉沙二合俱胝舍多娑訶娑囉二合寧多䑋二合卌三阿
弊地曳二合卌四視嚩二合哩多多吒而井反迦卌五摩訶嚩

BD00222　大佛頂如來密因修證了義諸菩薩萬行首楞嚴咒（加前頌本）（擬）

弊地曳(二合)(卌四) 覩嚩(二合)哩多多吒(而井反) 迦(卌五) 摩訶嚩
覩嚕(引)隨囉(卌六) 帝哩(二合) 步嚩那寧荼囉(卌七) 嗚吽
(二合) 娑嚩悉底(卌八) 薄嚩都(卌九) 麼麼(稱名) 囉社娑耶
(五十) 盂囉娑耶(五十一) 阿伽層娑耶(五十二) 嗚隨迦娑耶(五十
三) 吠沙娑耶(五十四) 舍娑多囉娑耶(五十五) 波囉斫迦囉
娑耶(五十六) 突擶叉娑耶(五十七) 阿舍你娑耶(五十八) 阿迦
囉摩哩底賴(二合) 娑耶(五十九) 隨囉層部称劒波娑
耶(六十) 嗚勒迦波多娑耶(六十一) 囉社殫荼娑耶(六十二)
那伽娑耶(六十三) 毗地揄娑耶(六十四) 蘇波多層娑耶
(六十五) 藥叉伽羅訶(六十六) 羅剎娑伽羅訶(六十七) 波哩多
伽羅訶(六十八) 比舍遮伽羅訶(六十九) 部多伽羅訶(七十)
鳩槃荼伽羅訶(七十一) 布單那伽羅訶(七十二) 揭吒布

訶七十七　梨嚩帝伽羅訶七十八

嗚社訶囉七十九　竭婆訶囉八十　闍多訶囉八十一　視

吠多訶囉八十二　嚕地囉訶囉八十三　嚩娑訶囉八十四

蕚婆訶囉八十五　咩陁訶囉八十六　摩社訶囉八十七　梵多

訶囉八十八　阿輸遮訶囉八十九　質多訶囉九十　帝衫薩

吠衫九十一　薩婆伽囉訶喃九十二　肥地世二合　嗔陁耶

弥九十三　拓羅耶弥九十四　波哩伐囉社迦訖哩擔

肥地世二合　嗔陁耶弥九十五　拓羅耶弥九十六　荼耶尼

訖哩擔肥地世二合　嗔陁耶弥九十七　拓羅耶弥九十

八　摩訶波輸波多耶嚕陁囉訖哩擔肥地世

二合　嗔陁耶弥九十九　拓羅耶弥二百　那囉耶拏訖哩

擔肥地世二合　嗔陁耶弥一　拓羅耶弥二　多引多嚩

伽嚕荼索醯耶訖哩擔肥地世二合　嗔陁耶弥

伽嚕荼索醯耶訖哩搚肥地世合二嗔隨耶弥
三扸羅耶弥四摩訶迦羅摩多哩伽婷訖哩
搚肥地世合二嗔隨耶弥五扸羅耶弥六迦波
哩迦訖哩搚肥地世合二嗔隨耶弥七扸羅
耶弥八闍耶迦羅九摩庚迦羅十薩鱄囉世
婆達那訖哩搚肥地世二合嗔隨耶弥十一扸羅
耶弥十二者咄薄祁你訖哩搚肥地世二合嗔隨
耶弥十三扸羅耶弥十四遏儀哩二合知迦十五薽地雞
尸鱄囉十六伽那波底婆醯耶訖哩搚肥地世
二合嗔隨耶弥十七扸羅耶弥十八那延那尸羅引鱄
婷十九訖哩搚肥地世二合嗔隨耶弥廿扸羅耶弥
廿一阿羅罕多訖哩搚肥地世二合嗔隨耶弥廿二扸

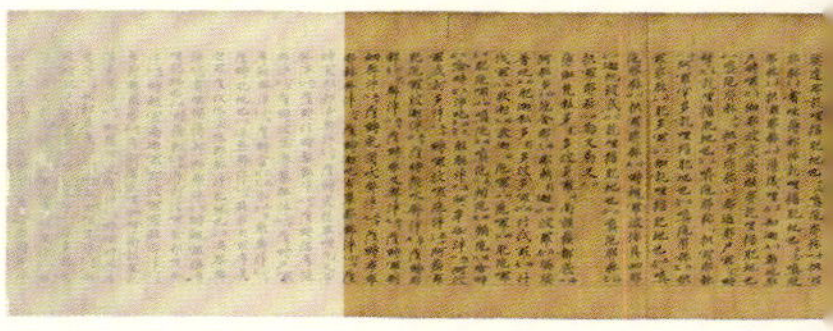

二合迦地波底廿六訖哩擔肥地世二合嗔陁耶沵廿七
枳囉耶沵廿八勒叉勒叉廿九
薄伽梵私多引多波多囉卌南謨蘇都底卌一
阿私多卌二陁舍那卌三那賴引迦卌四波羅二合婆婆
普吒卌五肥迦私多引多波多囉卌六什伐囉卌七什
伐囉卌八馱迦卌九馱迦卌陁囉卌一陁囉卌二肥陁囉
卌三肥陁囉卌四嗔陁卌五嗔陁卌六頻陁卌七頻陁卌八唅吽
二合唅吽二合泮吒卌九半音醯醯泮五十阿牟伽泮五十一阿波
囉底訶多泮五十二嚩囉波囉陁泮五十三阿蘇囉
肥陁羅波迦泮五十四薩鏄提吠弊泮五十五薩嚩那
祁於倪反弊泮五十六薩嚩藥叉弊泮五十七薩嚩囉剎
細弊泮五十八薩嚩乾闥吠弊泮五十九薩嚩布單
那沵弊泮六十薩嚩迦吒布單那弊泮六十一薩

BD00222　大佛頂如來密因修證了義諸菩薩萬行首楞嚴咒（加前頌本）（擬）

紲𤙖泮五十八 薩囀軋闌吠𤙖泮五十九 薩囀布單
那祢𤙖泮六十 薩囀迦吒布單那𤙖泮六十一 薩
囀突狼祁帝𤙖泮六十二 薩囀突瑟畢哩乞史帝
𤙖泮六十三 薩囀什囀梨𤙖泮六十四 薩囀温摩提
𤙖泮六十五 薩囀波娑摩梨𤙖泮六十六 薩囀尸囉
摩祢𤙖泮六十七 薩囀室引而列反耻而里反雞𤙖泮六十七
薩囀肥地世二合遮梨𤙖泮六十八 社耶迦囉摩度
迦囉薩伐他娑陁雞𤙖泮肥地世二合遮梨𤙖
泮六十九 者咄喃薄祁祢𤙖泮七十 囀視囉俱摩
哩肥地世二合囉搢𪐴二 七十 摩訶波囉登祁黶𤙖
泮七十三 囀視囉尚迦囉耶波囉囉社耶泮七十四
摩訶迦囉耶七十五 摩訶唐多哩伽𡛟南謨塞訖
哩多曳泮七十五 毗瑟𡛟庵曳泮七十六 囀囉畔摩屋

泮八十二遮文毗曳泮[illegible]唎曳泮八十五迦
波梨曳泮八十六阿地目[illegible]那[illegible]

BD00222　大佛頂如來密因修證了義諸菩薩萬行首楞嚴咒（加前頌本）（擬）

BD00223 妙法蓮華經卷五

（後秦）鳩摩羅什 譯

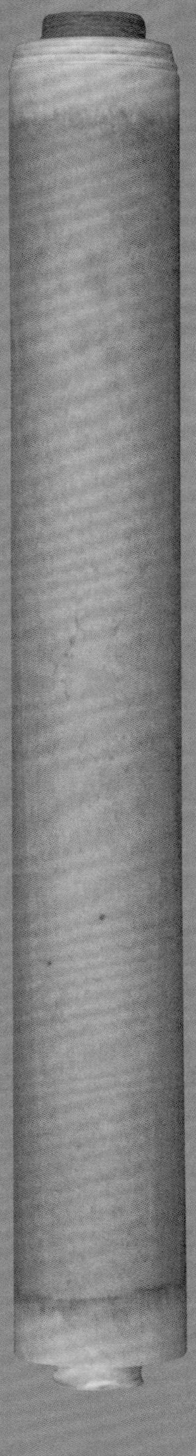

460.5cm × 25.5cm

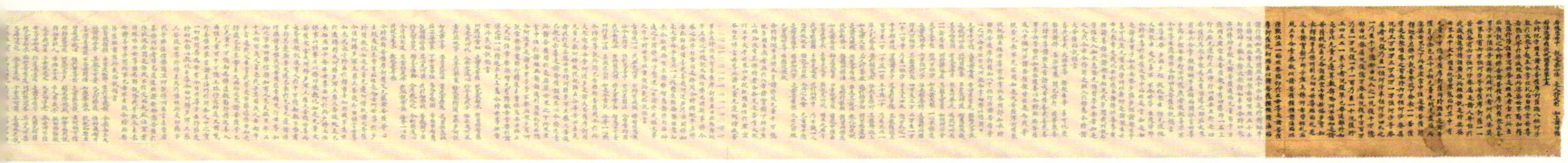

若後惡世中　説是第一法　是人得大利　如上諸功德

妙法蓮華經從地踊出品第十五

尒時他方國土諸來菩薩摩訶薩過八恒河沙
數於大衆中起立合掌作礼而白佛言世尊
若聽我等於佛滅後在此娑婆世界勤加精
進護持讀誦書寫供養是經典者當於此土
而廣説之尒時佛告諸菩薩摩訶薩衆止善
男子不須汝等護持此經所以者何我娑婆
世界自有六万恒河沙等菩薩摩訶薩一一
菩薩各有六万恒河沙眷屬是諸人等能於
我滅後護持讀誦廣説此經佛説是時娑婆
世界三千大千國土地皆震裂而於其中有
无量千万億菩薩摩訶薩同時踊出是諸菩
薩身皆金色三十二相无量光明先盡在此

皆是大衆唱導之首各將六万恒河沙眷屬
况將五万四万三万二万一万恒河沙等眷
屬者况復乃至一恒河沙半恒河沙四分之
一乃至千万億那由他分之一况復千万億
那由他眷屬况復億万眷屬况復千万百万
乃至一万况復一千一百乃至一十况復將
五四三二一弟子者况復單己樂遠離行如
是等比无量无邊筭數譬喻所不能知是諸
菩薩從地出已各詣虛空七寶妙塔多寶如
来釋迦牟尼佛所到已向二世尊頭面礼足
及至諸寶樹下師子座上佛所亦皆作礼右
繞三帀合掌恭敬以諸菩薩種種讚法而以
讚歎住在一面欣樂瞻仰於二世尊是諸菩薩
摩訶薩從初踊出以諸菩薩種種讚法而

讚歎住在一面欣樂瞻仰於二世尊是諸菩薩
摩訶薩從初踊出以諸菩薩種種讚法而
讚於佛如是時間經五十小劫是時釋迦牟
尼佛嘿然而坐及諸四衆亦皆嘿然五十小
劫佛神力故令諸大衆謂如半日尒時四衆
亦以佛神力故見諸菩薩遍滿无量百千万
億國土虛空是菩薩衆中有四導師一名上
行二名无邊行三名淨行四名安立行是四
菩薩於其衆中㝡為上首唱導之師在大衆
前各共合掌觀釋迦牟尼佛而問訊言世尊
少病少惱安樂行不所應度者受教易不不
令世尊生疲勞耶尒時四大菩薩而說偈言
世尊安樂　少病少惱　教化衆生　得无疲惓
又諸衆生　受化易不　不令世尊　生疲勞耶

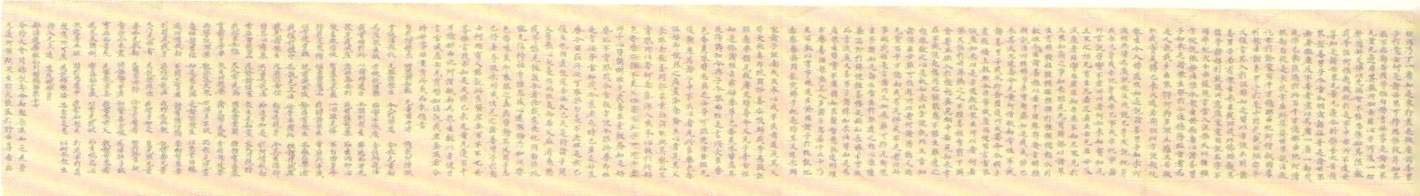

易可化度无有疲勞所以者何是諸衆生世
世已來常受我化亦於過去諸佛供養尊重
種諸善根此諸衆生始見我身聞我所説即
皆信受入如来慧除先脩習學小乘者如是
之人我今亦令得聞是経入於佛慧尒時諸
大菩薩而説偈言
善哉善哉 大雄世尊 諸衆生等 易可化度
能問諸佛 甚深智慧 聞已信行 我等随喜
於時世尊讃歎上首諸大菩薩善哉善哉善
男子汝等能於如来發随喜心尒時弥勒菩薩
及八千恒河沙諸菩薩衆皆作是念我等
從昔已来不見不聞如是大菩薩摩訶薩衆
從地踊出住世尊前合掌供養問訊如来時
弥勒菩薩摩訶薩知八千恒河沙諸菩薩等

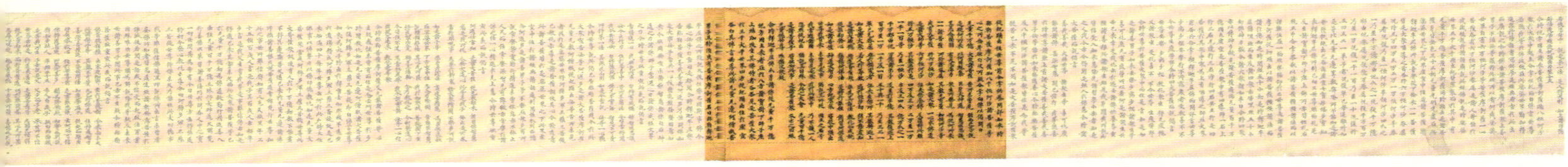

從地踊出住世尊前合掌供養問訊如来時
弥勒菩薩摩訶薩知八千恒河沙諸菩薩等
心之所念并欲自決所疑合掌向佛以偈問曰
无量千万億　大衆諸菩薩　昔所未曾見　願兩足尊說
是從何所来　以何因緣集　巨身大神通　智慧叵思議
其志念堅固　有大忍辱力　衆生所樂見　為從何所来
一一諸菩薩　所將諸眷屬　其數无有量　如恒河沙等
或有大菩薩　將六万恒沙　如是諸大衆　一心求佛道
是諸大師等　六万恒河沙　俱来供養佛　及護持此經
將五万恒沙　其數過於是　四万及三万　二万至一万
一千一百等　乃至一恒沙　半及三四分　億万分之一
千万那由他　万億諸弟子　乃至於半億　其數復過上
百万至一万　一千及一百　五十與一十　乃至三二一
單己无眷屬　樂於獨處者　俱来至佛所　其數轉過上

從誰初發心　稱揚何佛法　受持行誰經　脩習何佛道
如是諸菩薩　神通大智力　四方地震裂　皆從中踊出
世尊我昔來　未曾見是事　願說其所從　國土之名号
我常遊諸國　未曾見是衆　我於此衆中　乃不識一人
忽然從地出　願說其因緣　今此之大會　无量百千億
是諸菩薩等　皆欲知此事　是諸菩薩衆　本末之因緣
无量德世尊　唯願決衆疑
尒時釋迦牟尼佛分身諸佛從无量千万億
他方國土來者在於八方諸寶樹下師子座
上結加趺坐其佛侍者各各見是菩薩大衆
於三千大千世界四方從地踊出住於虛空
各白其佛言世尊此諸无量无邊阿僧祇菩
薩大衆從何所來尒時諸佛各告侍者諸善
男子且待須臾有菩薩摩訶薩名曰弥勒釋迦

男子且待須臾有菩薩摩訶薩名曰彌勒釋迦
牟尼佛之所授記次後作佛已問斯事佛今
答之汝等自當因是得聞尒時釋迦牟尼佛
告彌勒菩薩善哉善哉阿逸多乃能問佛如
是大事汝等當共一心被精進鎧發堅固意如
來今欲顯發宣示諸佛智慧諸佛自在神
通之力諸佛師子奮迅之力諸佛威猛大勢
之力尒時世尊欲重宣此義而說偈言
當精進一心　我欲說此事　勿得有疑悔　佛智叵思議
汝今出信力　住於忍善中　昔所未聞法　今皆當得聞
我今安慰汝　勿得懷疑懼　佛无不實語　智慧不可量
所得第一法　甚深叵分別　如是今當說　汝等一心聽
尒時世尊說此偈已告彌勒菩薩我今於此
大衆宣告汝等阿逸多是諸大菩薩摩訶薩

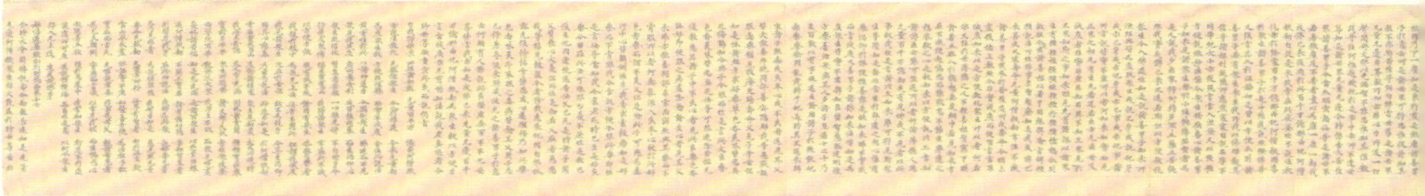

已教化示導是諸菩薩調伏其心令發道意
此諸菩薩皆於是娑婆世界之下此界虛
空中住於諸經典讀誦通利思惟分別正憶
念阿逸多是諸善男子等不樂在衆多有所
說常樂靜處勤行精進未曾休息亦不依止
人天而住常樂深智无有障礙亦常樂於諸
佛之法一心精進求无上慧尒時世尊欲重
宣此義而說偈言
阿逸汝當知　是諸大菩薩　從无數劫來　脩習佛智慧
悉是我所化　令發大道心　此等是我子　依止是世界
常行頭陀事　志樂於靜處　捨大衆憒閙　不樂多所說
如是諸子等　學習我道法　晝夜常精進　為求佛道故
在娑婆世界　下方空中住　志念力堅固　常勤求智慧
說種種妙法　其心无所畏　我於伽耶城　菩提樹下坐

說種種妙法　其心无所畏　我於伽耶城　菩提樹下坐
得成最正覺　轉无上法輪　尒乃教化之　令初發道心
令皆住不退　悉當得成佛　我今說實語　汝等一心信
我從久遠來　教化是等衆
尒時弥勒菩薩摩訶薩及无數諸菩薩等心
生疑惑怪未曾有而作是念云何世尊於少
時間教化如是无量无邊阿僧祇諸大菩薩
令住阿耨多羅三藐三菩提即白佛言世尊
如来為太子時出於釋宮去伽耶城不遠坐
於道場得成阿耨多羅三藐三菩提從是已
来始過四十餘年世尊云何於此少時大作
佛事以佛勢力以佛功德教化如是无量大
菩薩衆當成阿耨多羅三藐三菩提世尊此
大菩薩衆假使有人於千万億劫數不能盡

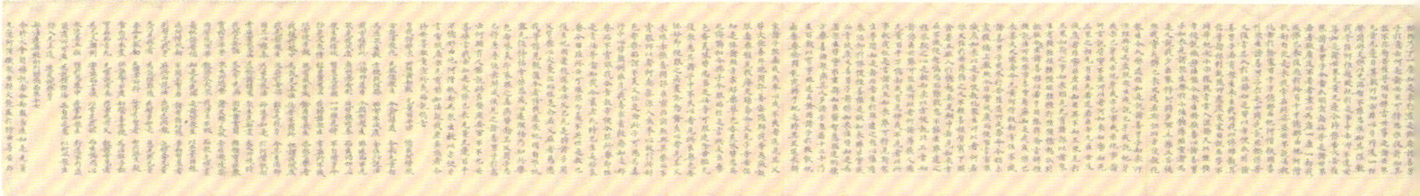

此之事世所難信譬如有人色美髮黑年二
十五指百歲人言是我子其百歲人亦指年
少言是我父生育我等是事難信佛亦如是
得道已來其實未久而此大衆諸菩薩等已
於无量千万億劫為佛道故勤行精進善入
出住无量百千万億三昧得大神通久脩梵
行善能次第習諸善法巧於問荅人中之寶
一切世間甚為希有今日世尊方云得佛道
時初令發心教化示導令向阿耨多羅三藐
三菩提世尊得佛未久乃能作此大功德事
我等雖復信佛隨宜所說佛所出言未曾虛
妄佛所知者皆悉通達然諸新發意菩薩於
佛滅後若聞是語或不信受而起破法罪業
因緣唯然世尊願為解說除我等疑及未來

因緣唯然世尊願為解說除我等疑及未來
世諸善男子聞此事已亦不生疑尒時弥勒
菩薩欲重宣此義而說偈言
佛昔從釋種　出家近伽耶　坐於菩提樹　尒來尚未久
此諸佛子等　其數不可量　久已行佛道　住神通智力
善學菩薩道　不染世間法　如蓮華在水　從地而踊出
皆起恭敬心　住於世尊前　是事難思議　云何而可信
佛得道甚近　所成就甚多　願為除衆疑　如實分別說
譬如少壯人　年始二十五　示人百歲子　髮白而面皺
是等我所生　子亦說是父　父少而子老　舉世所不信
世尊亦如是　得道來甚近　是諸菩薩等　志固无怯弱
從无量劫來　而行菩薩道　巧於難問荅　其心无所畏
忍辱心決定　端正有威德　十方佛所讚　善能分別說
不樂在人衆　常好在禪定　為求佛道故　於下空中住

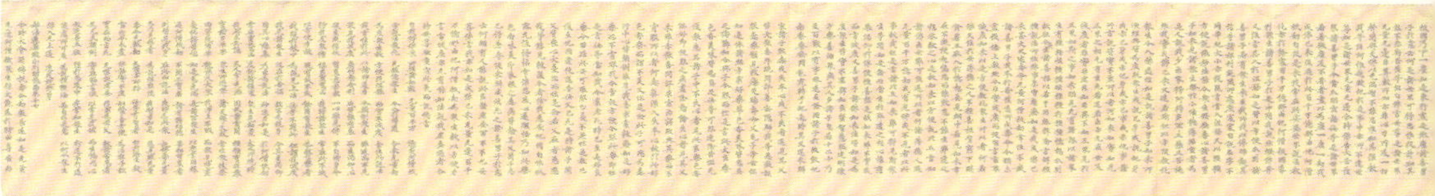

是无量菩薩　云何於少時　教化令發心　而住不退地
妙法蓮華經如來壽量品第十六
尒時佛告諸菩薩及一切大衆諸善男子汝
等當信解如來誠諦之語復告大衆汝等當
信解如來誠諦之語又復告諸大衆汝等當
信解如來誠諦之語是時菩薩大衆弥勒為
首合掌白佛言世尊唯願說之我等當信受
佛語如是三白已復言唯願說之我等當信
受佛語尒時世尊知諸菩薩三請不止而告
之言汝等諦聽如來秘密神通之力一切世
間天人及阿脩羅皆謂今釋迦牟尼佛出釋
氏宮去伽耶城不遠坐於道場得阿耨多羅
三藐三菩提然善男子我實成佛已来无量
无邊百千万億那由他劫譬如五百千万億

无邊百千万億那由他劫譬如五百千万億
那由他阿僧祇三千大千世界假使有人末
為微塵過於東方五百千万億那由他阿僧
祇國乃下一塵如是東行盡是微塵諸善男
子於意云何是諸世界可得思惟挍計知其
數不弥勒菩薩等俱白佛言世尊是諸世界
无量无邊非筭數所知亦非心力所及一切
聲聞辟支佛以无漏智不能思惟知其限數
我等住阿惟越致地於是事中亦所不達世
尊如是諸世界无量无邊尒時佛告大菩薩
衆諸善男子今當分明宣語汝等是諸世界
若著微塵及不著者盡以為塵一塵一劫我
成佛已来復過於此百千万億那由他阿僧
祇劫自從是来我常在此娑婆世界說法教

又復言其入於涅槃如是皆以方便分別諸
善男子若有衆生来至我所我以佛眼觀其
信等諸根利鈍隨所應度處處自說名字不
同年紀大小亦復現言當入涅槃又以種種
方便說微妙法能令衆生發歡喜心諸善男
子如来見諸衆生樂於小法德薄垢重者為
是人說我少出家得阿耨多羅三藐三菩提
然我實成佛已来久遠若斯但以方便教化
衆生令入佛道作如是說諸善男子如来所
演經典皆為度脫衆生或說己身或說他身
或示己身或示他身或示己事或示他事諸
所言說皆實不虛所以者何如来如實知見
三界之相无有生死若退若出亦无在世及
滅度者非實非虛非如非異不如三界見於

滅度者非實非虚非如非異不如三界見於
三界如斯之事如來明見无有錯謬以諸衆
生有種種性種種欲種種行種種憶想分別
故欲令衆生諸善根以若干因緣譬喻言辭種
種說法所作佛事未曾暫廢如是我成佛已
來甚大久遠壽命无量阿僧祇劫常住不滅
諸善男子我本行菩薩道所成壽命今猶未
盡復倍上數然今非實滅度而便唱言當取
滅度如來以是方便教化衆生所以者何若
佛久住於世薄德之人不種善根貧窮下賤
貪著五欲入於憶想妄見網中若見如來常
在不滅便起憍恣而懷厭怠不能生難遭之
想恭敬之心是故如來以方便說比丘當知
諸佛出世難可值遇所以者何諸薄德人過

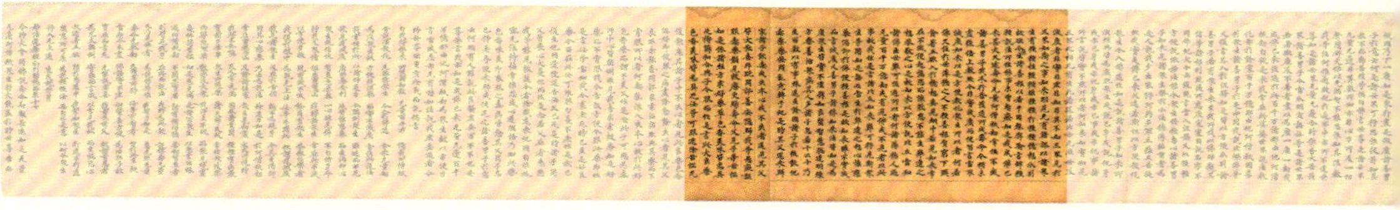

生等聞如是語必當生於難遭之想心懷戀
慕渴仰於佛便種善根是故如來雖不實滅
而言滅度又善男子諸佛如來法皆如是為
度衆生皆實不虛譬如良醫智慧聰達明練
方藥善治衆病其人多諸子息若十二十乃
至百數以有事緣遠至餘國諸子於後飲他
毒藥藥發悶亂宛轉于地是時其父還來歸
家諸子飲毒或失本心或不失者遙見其父
皆大歡喜拜跪問訊善安隱歸我等愚癡誤
服毒藥願見救療更賜壽命父見子等苦惱
如是依諸經方求好藥草色香美味皆悉具
足擣篩和合與子令服而作是言此大良藥
色香美味皆悉具足汝等可服速除苦惱无

足擣簁和合與子令服而作是言此大良藥
色香美味皆悉具足汝等可服速除苦惱无
復衆患其諸子中不失心者見此良藥色香
俱好即便服之病盡除愈餘失心者見其父
來雖亦歡喜問訊求索治病然與其藥而不
肯服所以者何毒氣深入失本心故於此好
色香藥而謂不美父作是念此子可愍為毒
所中心皆顛倒雖見我喜求索救療如是好
藥而不肯服我今當設方便令服此藥即作
是言汝等當知我今衰老死時已至是好良
藥今留在此汝可取服勿憂不差作是教已
復至他國遣使還告汝父已死是時諸子聞
父背喪心大憂惱而作是念若父在者慈愍

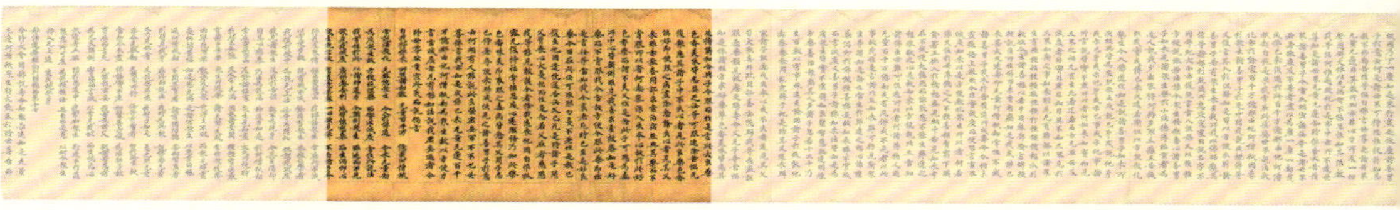

色香味美即取服之毒病皆愈其父聞子悉
已得差尋便來歸咸使見之諸善男子於意
云何頗有人能說此良醫虛妄罪不不也世
尊佛言我亦如是成佛已來无量无邊百千
万億那由他阿僧祇劫為衆生故以方便力
言當滅度亦无有能如法說我虛妄過者尒
時世尊欲重宣此義而說偈言
自我得佛來　所經諸劫數　无量百千万　億載阿僧祇
常說法教化　无數億衆生　令入於佛道　尒來无量劫
為度衆生故　方便現涅槃　而實不滅度　常住此說法
我常住於此　以諸神通力　令顛倒衆生　雖近而不見
衆見我滅度　廣供養舍利　咸皆懷戀慕　而生渴仰心
衆生既信伏　質直意柔軟　一心欲見佛　不自惜身命

我常住於此　以諸神通力　令顛倒衆生　雖近而不見
衆見我滅度　廣供養舍利　咸皆懷戀慕　而生渴仰心
衆生既信伏　質直意柔軟　一心欲見佛　不自惜身命
時我及衆僧　俱出靈鷲山　我時語衆生　常在此不滅
以方便力故　現有滅不滅　餘國有衆生　恭敬信樂者
我復於彼中　為說无上法　汝等不聞此　但謂我滅度
我見諸衆生　沒在於苦惱　故不為現身　令其生渴仰
因其心戀慕　乃出為說法　神通力如是　於阿僧祇劫
常在靈鷲山　及餘諸住處　衆生見劫盡　大火所燒時
我此土安隱　天人常充滿　園林諸堂閣　種種寶莊嚴
寶樹多華果　衆生所遊樂　諸天擊天鼓　常作衆伎樂
雨曼陁羅華　散佛及大衆　我淨土不毀　而衆見燒盡
憂怖諸苦惱　如是悉充滿　是諸罪衆生　以惡業因緣

久乃見佛者　為說佛難值　我智力如是　慧光照无量
壽命无數劫　久脩業所得　汝等有智者　勿於此生疑
當斷令永盡　佛語實不虛　如醫善方便　為治狂子故
實在而言死　无能說虛妄　我亦為世父　救諸苦患者
為凡夫顛倒　實在而言滅　以常見我故　而生憍恣心
放逸著五欲　墮於惡道中　我常知衆生　行道不行道
隨應所可度　為說種種法　每自作是意　以何令衆生
得入无上道　速成就佛身

妙法蓮華經分別功德品第十七

尒時大會聞佛說壽命劫數長遠如是无量
无邊阿僧祇衆生得大饒益於時世尊告弥

BD00224 阿彌陀經

（後秦）鳩摩羅什 譯

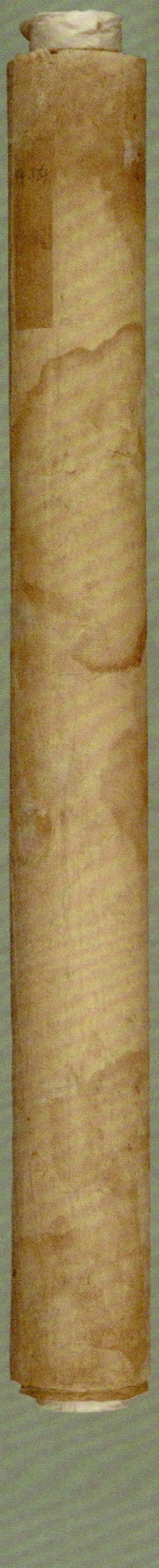

208cm × 28.5cm

佛說阿彌陀經

如是我聞一時佛在舍衛國祇樹給孤獨園與大

比丘眾千二百五十人俱皆是大阿羅漢眾所

知識長老舍利弗摩訶目揵連摩訶迦葉

摩訶迦旃延摩訶俱絺羅離波多周利槃

陀伽難陀阿難陀羅睺羅憍梵波提賓頭盧

頗羅墮迦留陀夷摩訶劫賓那薄拘羅

阿㝹樓馱如是等諸大弟子并諸菩薩摩

訶薩文殊師利法王子阿逸多菩薩乾陀

訶提菩薩常精進菩薩與如是等諸大菩

薩及釋提桓因等無量諸天大眾俱

法舍利弗彼土何故名為極樂其國衆生无有衆
苦但受諸樂故名極樂　又舍利弗極樂國
土七重欄楯七重羅網七重行樹皆是四寶周
帀圍繞是故彼國名曰極樂　又舍利弗極樂
國土有七寶池八功德水充滿其中池底純以金
沙布地四邊揩道金銀瑠璃頗梨合成上有樓閣
亦以金銀瑠璃頗梨車𤦲赤珠馬碯而嚴飾之
池中蓮華大如車輪青色青光黃色黃光赤色赤
光白色白光微妙香潔舍利弗極樂國土成就如是功
德莊嚴　又舍利弗彼佛國土常作天樂黃金為地晝
夜六時而雨曼陁羅華其國衆生常以清旦
各以衣裓盛衆妙華供養他方十万億佛即

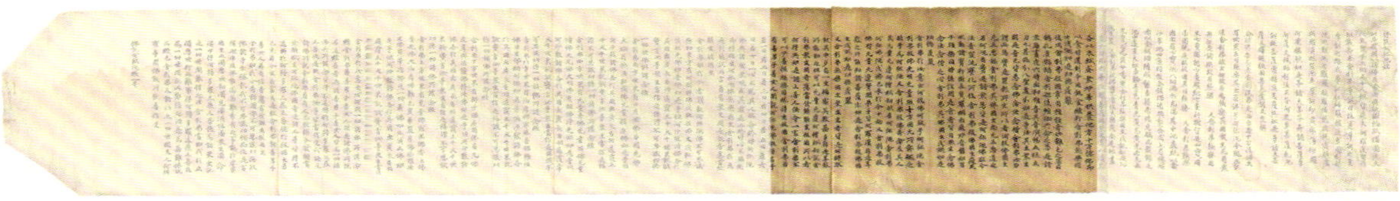

各以衣祴盛衆妙華供養他方十万億佛即
以食時還到本國飯食經行舍利弗極樂國
土成就如是功德莊嚴
復次舍利弗彼國常有種種奇妙雜色之鳥白
鵠孔雀鸚鵡舍利迦陵頻伽共命之鳥是諸
衆鳥晝夜六時出和雅音其音演暢五根五
力七菩提分八聖道分如是等法其土衆生
聞是音已皆悉念佛念法念僧舍利弗汝勿
謂此鳥實是罪報所生所以者何彼佛國土
无三惡趣舍利弗其佛國土尚无三惡道之
名何况有實是諸衆鳥皆是阿弥陀佛欲令
法音宣流變化所作舍利弗彼佛國土微風
吹動諸寶行樹及寶羅網出微妙音譬如百
千種樂同時俱作聞是音者皆自然生念佛

舍利弗於汝意云何彼佛何故号阿弥陁舍
利弗彼佛光明无量照十方國无所鄣礙是
故号爲阿弥陁又舍利弗彼佛壽命及其人
民无量无邊阿僧祇劫故名阿弥陁舍利弗
阿弥陁佛成佛已來於今十劫又舍利弗彼
佛有无量无邊聲聞弟子皆阿羅漢非是筭
數之所能知諸菩薩亦如是舍利弗彼佛國
土成就如是功德莊嚴
又舍利弗極樂國土衆生生者皆是阿鞞跋
致其中多有一生補處其數甚多非是筭數
所能知之但可以无量无邊阿僧祇劫說舍
利弗衆生聞者應當發願願生彼國所以者
何得與如是諸上善人俱會一處舍利弗不
可以少善根福德因緣得生彼國舍利弗若
有善男子善女人聞說阿弥陁佛執持名号

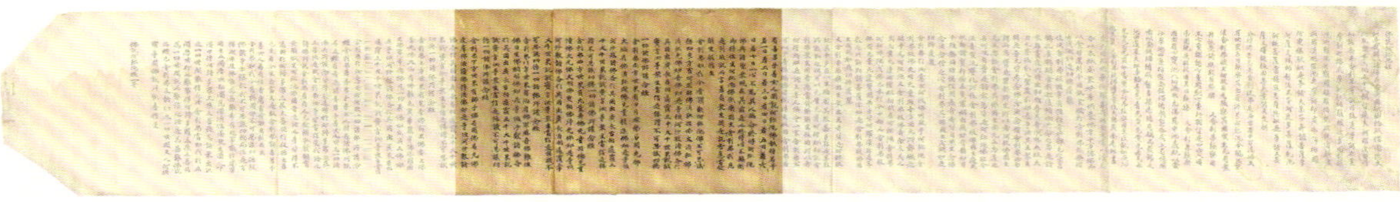

有善男子善女人聞說阿弥陁佛執持名号
若一日若二日若三日若四日若五日若六
日若七日一心不亂其人臨命終時阿弥陁
佛與諸聖衆現在其前是人終時心不顛倒
即得往生阿弥陁佛極樂國土舍利弗我見
是利故說此言若有衆生聞是說者應當發
願生彼國土
舍利弗如我今者讚歎阿弥陁佛不可思議
德功東方有阿閦鞞佛須弥相佛大須弥佛
須弥光佛妙音佛如是等恒河沙數諸佛各於
其國出廣長舌相遍覆三千大千世界說誠
實言汝等衆生當信是稱讚不可思議功德
一切諸佛所護念經
舍利弗南方世界有日月燈佛名聞光佛

千大千世界說誠實言汝等衆生當信是稱
讚不可思議功德一切諸佛所護念經
舍利弗西方世界有无量壽佛无量相佛无量
幢佛大光佛大明佛寶相佛淨光佛如是等恒
河沙數諸佛各於其國出廣長舌相遍覆三千
大千世界說誠實言汝等衆生當信是稱讚不
可思議功德一切諸佛所護念經
舍利弗北方世界有焰肩佛最勝音佛難沮
佛日生佛網明佛如是等恒沙數諸佛各
於其國出廣長舌相遍覆三千大千世界說
誠實言汝等衆生當信是稱讚不可思議功
德一切諸佛所護念經
舍利弗下方世界有師子佛名聞佛名光佛
達摩佛法幢佛持法佛如是等恒河沙數諸

達摩佛法幢佛持法佛如是等恒河沙數諸
佛各於其國出廣長舌相遍覆三千大千世
界誠實言汝等衆生當信是稱讚不可思議
功德一切諸佛所護念經
舍利弗上方世界有梵音佛宿王佛香上佛
香光佛大焰肩佛雜色寶華嚴身佛娑羅樹
王佛寶華德佛見一切義佛如須彌山佛如
是等恒河沙數諸佛各於其國出廣長舌相
遍覆三千大千世界說誠實言汝等衆生當信
是稱讚不可思議功德一切諸佛所護念經
舍利弗於汝意云何何故一切諸佛所護念
經舍利弗若善男子善女人聞是諸佛所說
名及經名者是諸善男子善女人皆為一切諸
佛共所護念皆得不退轉於阿耨多羅三藐

發願欲生阿弥陀佛國者是諸人等皆得不
退轉於阿耨多羅三藐三菩提於彼國土若
已生若今生若當生是故舍利弗諸善男子
善女人若有信者應當發願生彼國土
舍利弗如我今者稱讚佛不可思議功德彼
佛諸等亦稱說我不可思議功德而作是言
釋迦牟尼佛能為甚難希有之事能於娑婆
國土五濁惡世劫濁見濁煩惱濁衆生濁命
濁中得阿耨多羅三藐三菩提為諸衆生說
是一切世間難信之法舍利弗當知我於五
濁惡世行此難事得阿耨多羅三藐三菩提
為一切世間說此難信之法是為甚難佛說
此經已舍利弗及諸比丘一切世間天人阿脩
羅等聞佛說所歡喜信受

羅等聞佛説所歡喜信受

佛説阿彌陀經一卷

BD00225 金光明最勝王經卷四

（唐）義净 譯

586.6cm×25.6cm

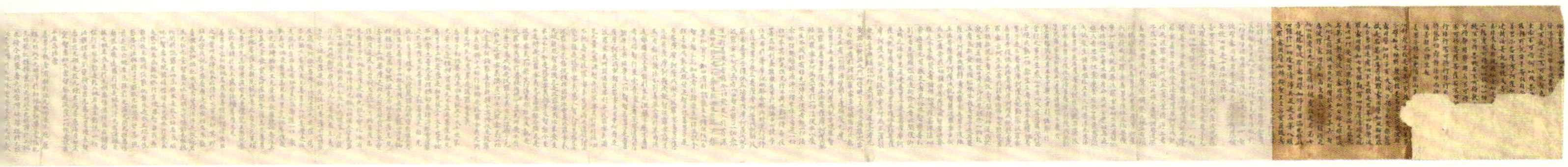

佛言善男子如是如
皆不可得若離菩提菩提
者不說心亦不可說無色
生亦不可得何以故菩
能證所說皆平等故非
善男子菩薩摩訶薩如
達諸法善說菩提及菩
去非未來非現在心亦如是
二想實不可得何以故以一切
提不可得菩提名不可得衆
可得聲聞聲聞名不可得
不可得菩薩菩薩名不可
行非行不可得行行非行
得故於一切寂靜法中而得

心利衆生故是名第一布施波[illegible]因善男
子譬如大地持衆物故是名第二持戒波羅
蜜因譬如師子有大威力獨步无畏離驚恐
故是名第三忍辱波羅蜜因譬如風輪那羅
延力勇壯速疾心不退故是名第四勤策波
羅蜜因譬如七寶樓觀有四階道清凉之風
來吹四門受安隱樂靜慮法藏求滿足故是
名第五靜慮波羅蜜因譬如日輪光耀熾盛
此心速能破滅生死无明闇故是名第六智
惠波羅蜜因譬如商主能令一切心願滿足
此心能度生死險道獲功德寶故是名第七
方便勝智波羅蜜因譬如淨月圓滿无翳此
心能於一切境界清淨具足是名第八願
波羅蜜因譬如轉輪聖王主兵寶臣隨意

波羅蜜因譬如轉輪聖王主兵寶臣隨意
自在此心善能莊嚴淨佛國土无量功德廣
利群生故名第九力波羅蜜因譬如灌頂
及轉輪聖王此心能於一切境界无有障礙於、
一切處皆得自在至灌頂位故是名第十智
波羅蜜因善男子是名菩薩摩訶薩十種
菩提心因是十因汝當修學
善男子依五種法菩薩摩訶薩成就布施
波羅蜜云何為五一者信根二者慈悲三者无
求欲心四者攝受一切衆生五者願求一切智
智善男子是名菩薩摩訶薩成就布施波
羅蜜善男子復依五法菩薩摩訶薩成就
持戒波羅蜜云何為五一者三業清淨二者
不為一切衆生作煩惱因緣三者閉諸惡道開

成就持戒波羅蜜善男子復依五法菩薩
摩訶薩成就忍辱波羅蜜云何為五一者能伏
貪瞋煩惱二者不惜身命求不安樂心息之
想三者思惟往業遭苦能忍四者發慈悲心
成就衆生諸善根故五者為得甚深无生法
忍善男子是名菩薩摩訶薩成就忍辱波
羅蜜善男子復依五法菩薩摩訶薩成就勤
策波羅蜜云何為五一者與諸煩惱不樂共
住二者福德未具不受安樂三者於諸難行
苦行之事不生厭心四者以大慈悲攝受利益
方便成熟一切衆生五者願求不退轉地善
男子是名菩薩摩訶薩成就勤策波羅蜜
善男子復依五法菩薩摩訶薩成就靜慮波
羅蜜云何為五一者於諸善法攝令不散故二者
常願解脫不著二邊故三者願得神通成就

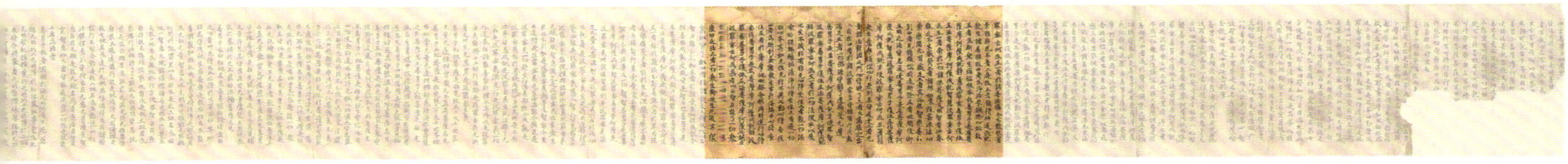

羅蜜云何為五一者於諸善法攝令不散故二者
常願解脫不着二邊故三者願得神通成就
衆生諸善根故四者為淨法界蠲除心垢故
五者為斷衆生煩惱根本故善男子是名菩
薩摩訶薩成就靜慮波羅蜜善男子復依
五法菩薩摩訶薩成就智慧波羅蜜云何
為五一者常於一切諸佛菩薩及明智者供養
親近不生厭背二者諸佛如來說甚深法心
常樂聞无有厭足三者真俗勝智樂善分
別四者見脩煩惱咸速斷除五者世間伎術
五明之法皆悉通達善男子是名菩薩摩訶
薩成就智慧波羅蜜善男子復依五法菩薩
摩訶薩成就方便波羅蜜云何為五一者於一切
衆生意樂煩惱心行差別悉皆通達二者无

滿足五者一切佛法皆願了達攝受无遺
善男子是名菩薩摩訶薩成就方便勝智
波羅蜜善男子復依五法菩薩摩訶薩成就
願波羅蜜云何為五一者於一切法從本以來
不生不滅非有非无心得安住二者觀一切法
最妙理趣離垢清淨心得安住三者過一切
相心本真如无作无行不異不動心得安住
四者為欲利益諸衆生事於俗諦中心得安
住五者於奢摩他毗鉢舍那同時運行心得
安住善男子是名菩薩摩訶薩成就願波
羅蜜善男子復依五法菩薩摩訶薩成就力
波羅蜜云何為五一者以正智力能了一切衆
生心行善惡二者能令一切衆生入於甚深
微妙之法三者一切衆生輪迴生死隨其緣

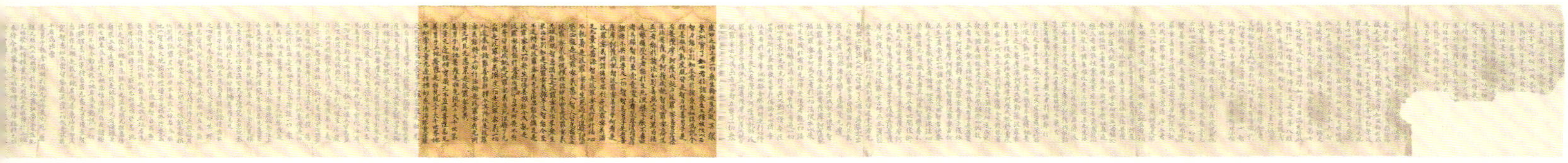

微妙之法三者一切衆生輪迴生死隨其緣
業如實了知四者於諸衆生三種根性以正
智力能分別知五者於諸衆生如理爲說令
種善根成熟度脱皆是智力故善男子是
名菩薩摩訶薩成就力波羅蜜善男子復依
五法菩薩摩訶薩成就智波羅蜜云何爲
五一者能於諸法分別善惡二者於黑白法
遠離攝受三者能於生死涅槃不厭不喜四
者具福智行至究竟處五者受勝灌頂能得
諸佛不共法等及一切智智善男子是名菩
薩摩訶薩成就智波羅蜜善男子何者是
波羅蜜義所謂脩習勝利是波羅蜜義滿
足无量大甚深智是波羅蜜義行非行法心
不執著是波羅蜜義生死過失涅槃功德正

无礙解脫智惠滿足是波羅蜜義法界衆生
界正分別知是波羅蜜義施等及智能令至
不退轉是波羅蜜義无生法忍能令滿足是
波羅蜜義一切衆生功德善根能令成熟是
波羅蜜義能於菩提成佛十力四无所畏不共
法等皆悉成就是波羅蜜義生死涅槃了无
二相是波羅蜜義濟度一切是波羅蜜義一切
外道來相詰難善能解釋令其降伏是波羅
蜜義能轉十二妙行法輪是波羅蜜義无所
著无所見无患累是波羅蜜多義
善男子初地菩薩是相先現三千大千世界
无量无邊種種寶藏无不盈滿菩薩悉見
善男子二地菩薩是相先現三千大千世界地
平如掌无量无邊種種妙色清淨珎寶莊嚴

平如掌无量无邊種種妙色清淨珎寶莊嚴
之具菩薩悉見善男子三地菩薩是相先
現自身勇健甲仗莊嚴一切怨賊皆能摧伏菩
薩悉見善男子四地菩薩是相先現四方風輪
種種妙花悉皆散灑充布地上菩薩悉見
善男子五地菩薩是相先現有妙寶女衆寶
瓔珞周遍嚴身首冠名花以為其飾菩薩悉
見善男子六地菩薩是相先現七寶花池有
四階道金砂遍布清淨无穢八功德水皆悉盈
滿嗢鉢羅花拘物頭花分陁利花隨處莊嚴
於花池所遊戲快樂清涼无比菩薩悉見善
男子七地菩薩是相先現於菩薩前有諸衆
生應墮地獄以菩薩力便得不墮无有損傷
亦无恐怖菩薩悉見善男子八地菩薩是相

相先現轉輪聖王无量億衆圍繞供養頂上
白蓋无量衆寶之所莊嚴菩薩悉見善男
子十地菩薩是相先現如來之身金色晃耀
无量淨光悉皆圓滿有无量億梵王圍繞恭
敬供養轉於无上微妙法輪菩薩悉見
善男子云何初地名為歡喜謂初證得出世
之心昔所未得而今始得於大事用如其所
願悉皆成就生極喜樂是故最初名為歡
喜諸微細垢犯戒過失皆得清淨是故二地名
為无垢无量智慧三昧光明不可傾動无能摧
伏聞持陁羅尼以為根本是故三地名為明
地以智慧火燒諸煩惱增長光明修行覺品
是故四地名為𦦨地修行方便勝智自在極
難得故見脩煩惱難伏能伏是故五地名為

難得故見脩煩惱難伏能伏是故五地名為
難勝行法相續了了顯現无相思惟皆悉現
前是故六地名為現前无漏无間无相思惟
解脫三昧遠脩行故是地清淨无有障礙是
故七地名為遠行无相思惟脩得自在諸煩
惱行不能令動是故八地名為不動說一切
法種種差別皆得自在无患无累增長智
惠自在无礙是故九地名為善惠法身如虛
空智惠如大雲皆能遍滿覆一切故是故第
十名為法雲
善男子執著有相我法无明怖畏生死惡
趣无明此二无明障於初地微細學處誤犯
无明發起種種業行无明此二无明障於二地
未得令得愛著无明能障殊勝總持无明

无明希趣涅槃无明此二无明障於五地觀行
流轉无明麁相現前无明此二无明障於六
地微細諸相現行无明作意欣樂无相无
明此二无明障於七地於无相觀功用无明執
相自在无明此二无明障於八地於所説義
及名句文此二无量未善巧无明於詞辯才
不隨意无明此二无明障於九地於大神通
未得自在變現无明微細秘密未能悟觧
事業无明此二无明障於十地於一切境微細
所知障礙无明極細煩惱麁重无明此二无明
障於佛地
善男子菩薩摩訶薩於初地中行施波羅
蜜於第二地行戒波羅蜜於第三地行忍
波羅蜜於第四地行勤波羅蜜於第五地

波羅蜜於第四地行勤波羅蜜於第五地
行定波羅蜜於第六地行惠波羅蜜於第
七地行方便勝智波羅蜜於第八地行願波羅
蜜於第九地行力波羅蜜於第十地行智波羅
蜜善男子菩薩摩訶薩㝡初發心攝受能生
妙寶三摩地第二發心攝受能生可愛樂三摩
地第三發心攝受能生難動三摩地第四發
心攝受能生不退轉三摩地第五發心攝受
能生寶花三摩地第六發心攝受能生日圓
光燄三摩地第七發心攝受能生一切願如意
成就三摩地第八發心攝受能生現前證住
三摩地第九發心攝受能生智藏三摩地第十
發心攝受能生勇進三摩地善男子是名菩
薩摩訶薩十種發心善男子菩薩摩訶薩

怛姪他 晡㗚儞曷奴喇剃
獨虎獨虎獨虎 耶跋蘇利瑜
阿婆婆薩底(丁里反下皆同) 耶跋旃達囉
調怛底 多跋達嚕叉漫
憚荼鉢喇訶囕 矩嚕莎訶
善男子此陁羅尼過一恒河沙數諸佛所
說為護初地菩薩故若有誦持此陁羅尼
呪者得脫一切怖畏所謂虎狼師子惡獸之
類一切惡鬼人非人等怨賊灾横及諸苦惱解
脫五障不忘念初地
善男子菩薩摩訶薩於第二地得陁羅尼
名善安樂住
怛姪他 嗢絺(入聲下同) 里
質里質里 嗢絺羅絺羅(引)喃

質里質里　嗢鵽羅鵽羅引喃
繕覩繕覩嗢鵽里　虎嚕虎嚕莎訶
善男子此陁羅尼是過二恒河沙數諸佛所
說為護二地菩薩故若有誦持此陁羅尼呪
者脫諸怖畏惡獸惡鬼人非人等怨賊災横
及諸苦惱解脫五障不忘念二地
善男子菩薩摩訶薩於第三地得陁羅尼
名難勝力
呾姪他　憚宅枳般宅枳
羯喇擻高喇擻　雞由哩憚擻里莎訶
善男子此陁羅尼是過三恒河沙數諸佛所
說為護三地菩薩故若有誦持此陁羅尼呪
者脫諸怖畏惡獸惡鬼人非人等怨賊災横
及諸苦惱解脫五障不忘念三地

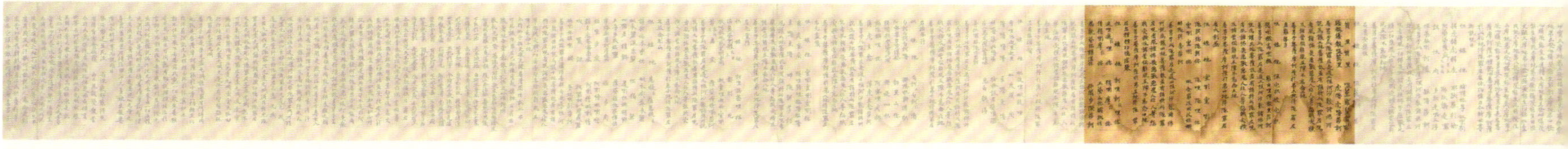

怛姪他　室唎　室唎
陁弭你陁弭你　陁哩　陁哩你
室唎室唎你　毗舍羅波世波始娜
畔陁弭　帝莎訶
善男子此陁羅尼是過四恒河沙數諸佛
所說為護四地菩薩故若有誦持此陁羅
尼呪者脫諸怖畏惡獸惡鬼人非人等怨
賊灾横及諸苦惱解脫五障不忘念四地
善男子菩薩摩訶薩於第五地得陁羅
尼名種種功德莊嚴
怛姪他　訶哩訶哩(引)哩你
遮哩遮(引)哩你　羯喇摩(引)你
僧羯喇摩(引)你　三婆山你瞻跋你
悉耽婆你謨漢你　碎闍步陛莎訶

悉馱婆你謨漢你　碎闍步陛莎訶
善男子此陁羅尼是過五恒河沙數諸佛所
説爲護五地菩薩摩訶薩故若有誦持此
陁羅尼呪者脫諸怖畏惡獸惡鬼人非人
等怨賊灾横及諸苦惱解脫五障不忘
念五地
善男子菩薩摩訶薩於第六地得陁羅
尼名圓滿智
怛　姪　他　毗徒哩毗徒哩
摩哩你迦里迦里　毗度漢　底
嚕嚕嚕嚕　主嚕主嚕
杜嚕婆杜嚕婆　捨捨設者婆哩灑
莎入悉底薩婆薩埵喃　悉甸　覩漫
曼怛囉鉢陁你莎訶

羅尼咒者脫諸怖畏惡獸惡鬼人非人等怨
賊災横及諸苦惱解脫五障不忘念六地
善男子菩薩摩訶薩於第七地得陁羅尼
名法勝行
怛姪他　句訶上句訶引嚕
句訶句訶句訶嚕　鞞陸枳鞞陸枳
阿蜜栗多嚧漢你　勃里山你
鞞嚕勃枳婆嚕代底　鞞提呬枳
頻陁鞞哩你　阿蜜哩底枳
薄虎主愈　薄虎主愈莎訶
善男子此陁羅尼是過七恒河沙數諸佛所
說為護七地菩薩故若有誦持此陁羅尼
咒者脫諸怖畏惡獸惡鬼人非人等怨賊
災横及諸苦惱解脫五障不忘念七地

呪者脫諸怖畏惡獸惡鬼人非人等怨賊
灾横及諸菩薩解脱五障不忘念七地
善男子菩薩摩訶薩於第八地得陁羅尼
名无盡藏
怛　姪　他　室唎室唎室唎你
蜜底蜜底　羯哩羯哩醯嚕醯嚕
主嚕主嚕　畔陁　須　莎　訶
為護八地菩薩故若有誦持此陁羅尼呪者
脫諸怖畏惡獸惡鬼人非人等怨賊灾横及
諸菩薩解脱五障不忘念八地
善男子菩薩摩訶薩於第九地得陁羅尼
名无量門
怛　姪　他　訶哩旃荼哩　枳
俱藍婆喇體天里反　都　刺　死
柭吒柭吒死室唎室唎　迦室哩迦必　室唎
薫舌

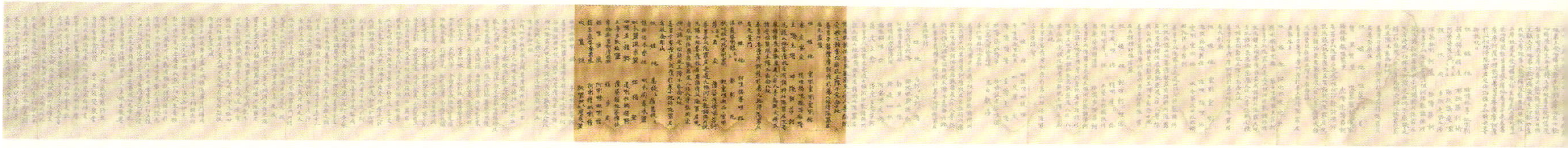

為護九地菩薩故若有誦持此陁羅尼呪
者脫諸怖畏惡獸惡鬼人非人等怨賊灾
横及諸苦惱解脫五障不忘念九地
善男子菩薩摩訶薩於第十地得陁羅尼
名破金剛山
怛 姪 他 悉提去 蘇悉提去
謨折你 木察你 毗木底 菴末麗
毗末麗 涅末麗 忙 揭 麗
呬爛若 揭 鞞 遏喇怛娜 揭鞞
三曼多跋姪麗 薩婆頞他娑憚你
摩捺斯 莫訶摩捺斯 頞 步 底
頞 喹 步 底 阿喇揞 毗喇揞
頞主底菴蜜栗底 阿喇揞 毗喇揞
吹 嚂 謎 跋 囉䱜火含 摩步入 囇

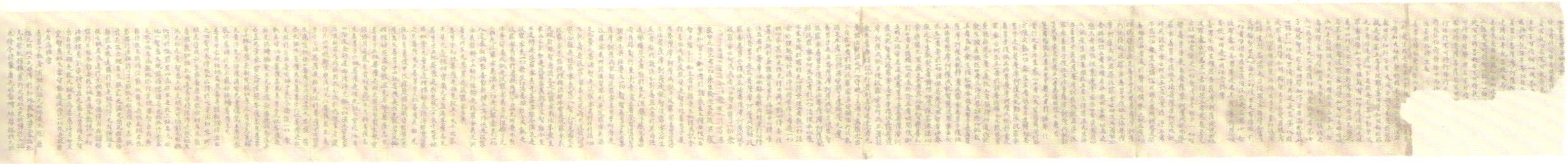

頞主底毳寠禀底　阿喇栘毗喇栘
吹　嚂　謎　跋囉鉗火含麼步人囇
晡喇你晡喇　娜　曷奴喇剃步訶
善男子此陁羅尼灌頂吉祥句是過十恒河
沙數諸佛所說為護十地菩薩故若有誦
持此陁羅尼呪者脫諸怖畏惡獸惡鬼人非人
等怨賊灾横一切毒害皆悉除滅解脫五
障不忘念十地
尒時師子相无礙光焰菩薩聞佛說此不
可思議陁羅尼已即從座起偏袒右肩右
膝著地合掌恭敬頂礼佛足以頌讚佛
敬礼无譬喻　甚深无相法　衆生失正知　唯佛能濟度
如来明慧眼　不見一法相　復以正法眼　普照不思議
不生於一法　亦不滅一法　由斯平等見　得至无上處
不壞於生死　亦不住涅槃　不著於二邊　是故證圓寂

佛觀衆生相　一切種皆无　然於苦惱者　常興於救護
苦樂常无常　有我无我等　不一亦不異　不生亦不滅
如是衆多義　隨說有差別　譬如空谷響　唯佛能了知
法界无分別　是故无異乘　為度衆生故　分別說有三
尒時天自在梵天王亦從座起偏袒右肩右
膝著地合掌恭敬頂礼佛足而白佛言世尊
此金光明最勝王經希有難量初中後善文
義究竟皆能成就一切佛法若受持者是人則
為報諸佛恩佛言善男子如是如是如汝所
說善男子若得聽聞是經典者皆不退於阿
耨多羅三藐三菩提何以故善男子是能成
熟不退地菩薩殊勝善根是第一法印是衆
經王故應聽聞受持讀誦何以故善男子若
一切衆生未種善根未成熟善根未親近諸

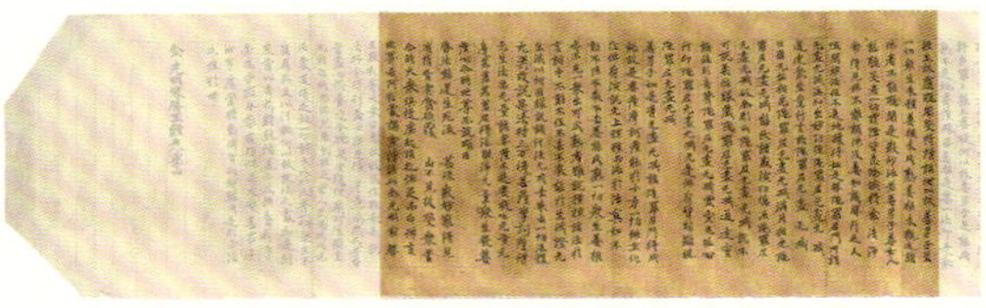

經王故應聽聞受持讀誦何以故善男子若
一切衆生未種善根未成熟善根未親近諸
佛者不能聽聞是微妙法若善男子善女人
能聽受者一切罪障皆悉除滅得最清淨
常得見佛不離諸佛及善知識勝行之人
恒聞妙法住不退地獲得如是勝陀羅尼門所謂
无盡无減海印出妙功德陀羅尼无盡无減
通達衆生意行言語陀羅尼无盡无減
日圓无垢相光陀羅尼无盡无減滿月相光陀
羅尼无盡无減能伏諸惑演功德流陀羅尼
无盡无減破金剛山陀羅尼无盡无減說不
可說義因緣藏陀羅尼无盡无減通達實
語法則音聲陀羅尼无盡无減虛空无垢心
行印陀羅尼无盡无減无邊佛身皆能顯現

就故是菩薩摩訶薩能於十方一切佛土化
作佛身演說无上種種正法於法真如不
動不住不來不去善能成熟一切衆生善根
亦不見一衆生可成熟者雖說種種諸法於
言詞中不動不住不去不來能於生滅證无
生滅以何因緣說諸行法无有去來由一切法體
无異故說是法時三万億菩薩摩訶薩得
无生法忍无量諸菩薩不退菩提心无量无
邊苾芻苾芻尼得法眼淨无量衆生發菩
薩心尒時世尊而說頌曰
勝法能逆生死流　甚深微妙難得見
有情盲冥貪欲覆　由不見故受衆苦
尒時大衆俱從座起頂礼佛足而白佛言
世尊若所在處講宣讀誦此金光明最勝

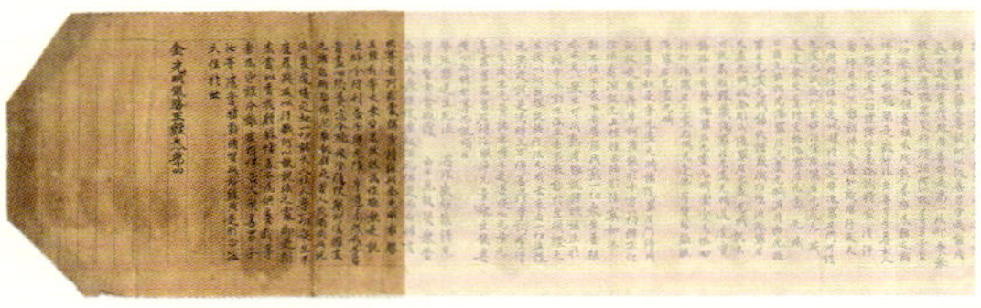

世尊若所在處講宣讀誦此金光明最勝
王經我等大衆皆悉往彼為作聽衆是說
法師令得利益安樂无障身意泰然我等皆
當盡心供養亦令聽衆安隱快樂所住國土
无諸怨賊恐怖厄難飢饉之苦人民熾盛此說
法處道場之地一切諸天人非人等一切衆生不
應履踐及以汙穢何以故說法之處即是制
底當以香花繒綵幡蓋而為供養我等
常為守護令離衰損佛告大衆善男子
汝等應當精勤脩習此妙經典是則正法
久住於世

金光明最勝王經卷第四

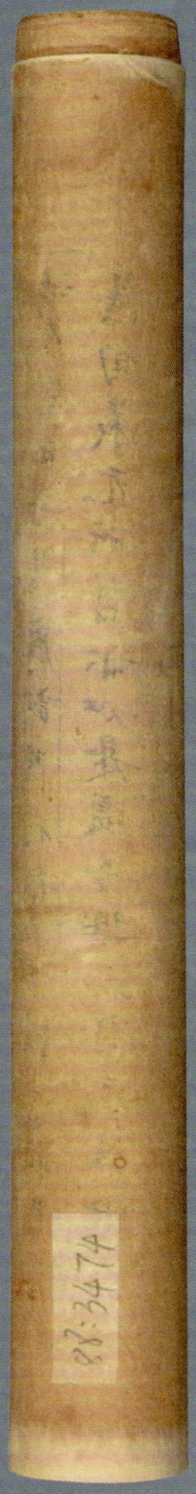

BD00226　摩訶般若波羅蜜經鈔（擬）

647.1cm × 28.3cm

法无處所菩薩摩訶薩行般若波羅蜜時菩
薩句義无所有亦如是須菩提如有為性中
无无為性義无為性中无有為性義菩薩摩
訶薩行般若波羅蜜時菩薩句義无所有亦
如是須菩提如不生不滅義无處所菩薩摩
訶薩行般若波羅蜜時菩薩句義无所有亦
如是須菩提如不作不出不得不垢不淨无
處所菩薩句義无所有亦如是須菩提白佛
言何法不生不滅故无處所何法不作不出
不得不垢不淨故无處所佛告須菩提色不
生不滅故无處所受想行識不生不滅故无
處所乃至不垢不淨亦如是入界不生不滅
故无處所乃至不垢不淨亦如是四念處不

垢不淨亦如是須菩提菩薩摩訶薩行般若
波羅蜜時菩薩句義无所有亦如是須菩提
如四念處淨義畢竟不可得須菩提菩薩摩
訶薩行般若波羅蜜時菩薩句義无所有亦
如是須菩提如四正勤乃至十八不共法淨
義畢竟不可得菩薩摩訶薩行般若波羅蜜
時菩薩句義无所有亦如是須菩提如淨中
我不可得我无所有故乃至淨中知者見者
不可得知見无所有故須菩提菩薩摩訶薩
行般若波羅蜜時菩薩句義无所有亦如是
須菩提譬如日出時无有黑闇菩薩摩訶薩
行般若波羅蜜時菩薩句義无所有亦如是
須菩提譬如劫燒時无一切物菩薩摩訶薩
行般若波羅蜜時菩薩句義无所有亦如是

須菩提譬如劫燒時无一切物菩薩摩訶薩
行般若波羅蜜時菩薩句義无所有亦如是
須菩提佛戒中无破戒須菩提菩薩摩訶薩
行般若波羅蜜時菩薩句義无所有亦如是
須菩提如佛定中无乱心佛慧中无愚癡佛
解脫中无不解脫解脫知見中无不解脫知
見須菩提菩薩摩訶薩行般若波羅蜜時菩
薩句義无所有亦如是須菩提譬如佛光中
日月光不現佛光中四天王天卅三天夜摩
天兜率天化樂天他化自在天梵衆天乃至
阿迦尼吒天光不現須菩提菩薩摩訶薩行
般若波羅蜜時菩薩句義无所有亦如是何
以故是阿耨多羅三藐三菩提菩薩菩薩句
義是一切法皆不合不散无色无形无對一

言世尊何等是一切法云何一切法中无閡
相應學應知佛告須菩提一切法者善法
不善法記法无記法世間法出世間法有漏
法无漏法有為法无為法共法不共法須菩
提是名為一切法菩薩摩訶薩是一切法无
閡相中應學應知

摩訶般若波羅蜜經乘品第十六

尒時慧命舍利弗問富樓那云何名菩薩摩
訶薩乘於大乘富樓那荅舍利弗言菩薩摩
訶薩行般若波羅蜜乘檀波羅蜜亦不得檀
波羅蜜亦不得菩薩亦不得受者是法用无
所得故是名菩薩摩訶薩乘檀波羅蜜菩薩
摩訶薩行般若波羅蜜乘尸波羅蜜羼提波

所得故是名菩薩摩訶薩乘檀波羅蜜菩薩
摩訶薩行般若波羅蜜乘尸波羅蜜羼提波
羅蜜毗梨耶波羅蜜禪波羅蜜乘般若波羅
蜜亦不得般若波羅蜜亦不得菩薩是法用
无所得故是為菩薩摩訶薩乘於般若波羅
蜜如是舍利弗是為菩薩摩訶薩乘於大乘
復次舍利弗菩薩摩訶薩摩訶行一心應薩
婆若脩四念處法壞故乃至一心應薩婆若
脩十八不共法法壞故是亦不可得如是舍
利弗是名菩薩摩訶薩乘於大乘復次舍利
弗菩薩摩訶薩作是念菩薩但有名字衆生
不可得故是名菩薩摩訶薩乘於大乘復次
舍利弗菩薩摩訶薩作是念色但有名字色
不可得故受想行識但有名字識不可得故

道分但有名字八聖道分不可得故内空但
有名字内空不可得故乃至无法有法空但
有名字无法有法空不可得故乃至十八不
共法但有名字十八不共法不可得故諸法
如但有名字如不可得故法相法性法位實
際但有名字名實際不可得故阿耨多羅三藐三
菩提及佛但有名字佛不可得故如是舍利弗是
名菩薩摩訶薩乘於大乘復次舍利弗若菩薩摩
訶薩從初發意已來具足菩薩神通成就眾生從
一佛國至一佛國恭敬供養尊重讚嘆諸佛從諸
佛聽受法教所謂菩薩大乘是菩薩乘此大乘
從一佛國至一佛國淨佛土成就眾生初无佛國
想亦无眾生想此人住不二法中為眾生受身隨
其所應自變其形而教化之乃至一切智終不離
菩薩乘是名菩薩得一切種智已轉法輪聲

其所應自變其形而教化之乃至一切智終不離
菩薩乘是名菩薩得一切種智已轉法輪聲
聞辟支佛及天龍鬼神阿脩羅世間人民所不能
轉尒時十方如恒河沙等諸佛皆歡喜稱名
讃嘆作是言某方某國某菩薩摩訶薩乘於
大乘得一切種智轉法輪舍利弗是名菩薩
摩訶薩乘於大乘

摩訶般若波羅蜜經四念處品第十八

菩提菩薩摩訶薩摩訶衍所謂佛十力何等
十佛如實知一切法是處不是處相一力也
如實知他衆生過去未來現在諸業諸受法
知造業處知因緣知報二力也如實知諸禪
解脫三昧定垢淨分別相三力也如實知他
衆生諸根上下相四力也如實知他衆生種
種欲解五力也如實知世間種種无數性六
力也如實知一切至處道七力也知種種 宿

飲食苦樂壽命長短彼中死是間生是間死
還生是間此間生名姓飲食苦樂壽命長短
亦如是八力也佛天眼淨過諸人眼見衆生
死時生時端正醜陋若大若小若墮惡道若
墮善道如是業因緣受報是諸衆生惡身業
成就惡口業成就惡意業成就謗毀聖人受
邪見因緣故身壞死時入惡道生地獄中是
諸衆生善身業成就善口業成就善意業成
就不謗聖人受正見因緣故身壞死時入善
道生天上九力也佛如實知諸漏盡故无漏
心解脫无漏慧解脫現在法中自識知入是
法所謂我生已盡梵行已作從今世不復見
後世十力也
須菩提菩薩摩訶薩摩訶衍所謂十八不共
法何等十八一諸佛身无失二口无失三念
无失四无異想五无不定心六无不知捨心
七欲无減八精進无減九念无減十慧无減

无失四无異想五无不定心六无不知捨心
七欲无減八精進无減九念无減十慧无減
十一解脫无減十二解脫知見无減十三一
切身業隨智慧行十四一切口業隨智慧行
十五一切意業隨智慧行十六智慧知見過
去世无閡无鄣十七智慧知見未來世无閡
无鄣十八智慧知見現在世无閡无鄣須菩
提是名菩薩摩訶薩摩訶衍以不可得故復
次須菩提菩薩摩訶薩摩訶衍所謂字等語
等諸字入門何等為字等語等諸字入門

摩訶般若波羅蜜經勝出品第廿一

慧命須菩提白佛言世尊摩訶衍摩訶衍者
勝出一切世間及諸天人阿脩羅世尊是摩
訶衍虛空等如虛空受无量无邊阿僧祇衆
生摩訶衍亦如是受无量无邊阿僧祇衆生

不可得三世等是摩訶衍世尊以是故是乘
名摩訶衍佛告須菩提如是如是菩薩摩訶
薩摩訶衍所謂六波羅蜜檀波羅蜜尸羅波
羅蜜羼提波羅蜜毗梨耶波羅蜜禪波羅蜜
般若波羅蜜是名菩薩摩訶薩摩訶衍復次
須菩提菩薩摩訶薩摩訶衍一切陁隣尼門
一切三昧門所謂首楞嚴三昧乃至離著虛
空不染三昧是名菩薩摩訶薩摩訶衍復次
須菩提菩薩摩訶薩摩訶衍所謂内空乃至
无法有法空是名菩薩摩訶薩摩訶衍復次
須菩提菩薩摩訶薩摩訶衍所謂四念處乃
至十八不共法是名菩薩摩訶薩摩訶衍如
須菩提所言是摩訶衍勝出一切世間及諸
天人阿脩羅須菩提若欲界有實不虛妄不
異諦不顛倒有常不壞相非无法者是摩訶
衍不能勝出一切世間及諸天人阿脩羅須

異諦不顛倒有常不壞相非无法者是摩訶
行不能勝出一切世間及諸天人阿脩羅須
菩提若欲界虛妄憶想分別和合名字等有
一切无常相无法以是故摩訶衍勝出一切
世間及諸天人阿脩羅須菩提色界无色界
若當實有不虛妄不異諦不顛倒有常不壞
相非无法者是摩訶衍不能勝出一切世間
及諸天人阿脩羅須菩提以色界无色界虛妄
憶想分別和合名字等有一切无常破壞想
无法以是故摩訶衍勝出一切世間及諸天
人阿脩羅須菩提若色當實有不虛妄不異
諦不顛倒有常不壞相非无法者是摩訶衍
不能勝出一切世間及諸天人阿脩羅須菩
提以色虛妄憶想分別和合名字等有一切
无常破壞相无法以是故是摩訶衍勝出一
切世間及諸天人阿脩羅受想行識亦如

觸因緣生受若當實有不虛妄不異諦不顛
倒有常不壞相非无法者是摩訶衍不能勝
出一切世間及諸天人阿脩羅須菩提以眼
乃至意觸因緣生受虛妄憶想分別和合名
字等有一切无常破壞相无法者以是故摩
訶衍勝出一切世間及諸天人阿脩羅須菩
提若法性是有法非无法者是摩訶衍不能勝
出一切世間及諸天人阿脩羅須菩提以法
性无法非法以是故摩訶衍勝出一切世間
及諸天人阿脩羅須菩提若如實際不可思
議性是有法非无法者是摩訶衍不能勝出
一切世間及諸天人阿脩羅須菩提以如實
際不可思議性无法非法以是故摩訶衍勝
出一切世間及諸天人阿脩羅須菩提若檀
波羅蜜是有法非无法者是摩訶衍不能勝
出一切世間及者天人阿脩羅以檀波羅蜜

出一切世間及諸天人阿脩羅以檀波羅蜜
无法非法以是故摩訶衍勝出一切世間及
諸天人阿脩羅若尸羅波羅蜜羼提波羅蜜
毗梨耶波羅蜜禪波羅蜜般若波羅蜜是有
法非无法者是摩訶衍不能勝出一切世間
及諸天人阿脩羅以尸羅波羅蜜乃至般若
波羅蜜无法非法以是故摩訶衍勝出一切
世間及諸天人阿脩羅須菩提若内空乃至
无法有法空是有法非无法者是摩訶衍不
能勝出一切世間及諸天人阿脩羅以内空
乃至无法有法空无法非法以是故摩訶
衍勝出一切世間及諸天人阿脩羅須菩提
若四念處乃至十八不共法是有法非无法
者是摩訶衍不能勝出一切世間及諸天人
阿脩羅以四念處乃至十八不共法无法非

是摩訶衍不能勝出一切世間及諸天人阿
脩羅以性人法无法非法以是故摩訶衍勝
出一切世間及諸天人阿脩羅須菩提若八
人法若須陁洹法斯陁含法阿那含法阿
羅漢法辟支佛法佛法是有法非无法者是
摩訶衍不能勝出一切世間及諸天人阿脩
羅以八人法乃至佛法无法非法以是故摩
訶衍勝出一切世間及諸天人阿脩羅須菩
提若性地人是有法非无法者是摩訶衍不
能勝出一切世間及諸天人阿脩羅以性地
人无法非法以是故摩訶衍勝出一切世間
及諸天人阿脩羅須菩提若八人須陁洹乃
至佛是有法非无法者是摩訶衍不能勝出
一切世間及諸天人阿脩羅以八人乃至佛
无法非法以是故摩訶衍勝出一切世間及

无法非法以是故摩訶衍勝出一切世間及
諸天人阿脩羅須菩提若一切世間及諸天
人阿脩羅是有法非无法者是摩訶衍不能
勝出一切世間及諸天人阿脩羅以一切世間
及諸天人阿脩羅无法非法以是故摩訶
衍勝出一切世間及諸天人阿脩羅須菩提
若菩薩摩訶薩從初發心乃至道場於其中
間諸心若當是有法非无法者是摩訶衍不
能勝出一切世間及諸天人阿脩羅以菩薩
從初發心乃至道場諸心无法非法以是故摩
訶衍勝出一切世間及諸天人阿脩羅須菩
提若菩薩摩訶薩如金剛慧若是有法非无
法者是菩薩摩訶薩不能知一切結使及習
无法非法得一切種智須菩提以菩薩摩訶
薩如金剛慧无法非法是故菩薩知一切結

若諸佛卅二相是有法非无法者諸佛威德
不能照然勝出一切世間及諸天人阿脩羅
須菩提以諸佛卅二相无法非法以是故 諸
佛威德照然勝出一切世間及諸天人阿脩
羅須菩提若諸佛光明是有法非无法者諸
佛光明不能普照恒河沙等國土須菩提以
諸佛光明无法非法以是故諸佛能以光明
普照恒河沙等國土須菩提若諸佛六十種
莊嚴音聲是有法非无法者諸佛不能以六十
種莊嚴音聲遍至十方无量阿僧祇國土須
菩提以諸佛六十種莊嚴音聲无法非法以
是故諸佛能以六十種莊嚴音聲遍至十
方无量阿僧祇國土須菩提諸佛法輪若是
有法非无法者諸佛不能轉法輪諸沙門婆

有法非无法者諸佛不能轉法輪諸沙門婆
羅門若天若魔若梵及世間餘衆所不能如
法轉者須菩提以諸佛法輪无法非法以是
故諸佛轉法輪諸沙門婆羅門若天若魔若
梵及世間餘衆不能如法轉者須菩提諸佛
為衆生轉法輪是衆生若實有法非无法者
不能令是衆生於无餘涅槃而般涅槃須菩
提以諸佛為衆生轉法輪是衆生无法非法
以是故能令衆生於无餘涅槃中已滅今滅
當滅

摩訶般若波羅蜜經含受品第廿二

須菩提汝所言是摩訶衍不見來處不見去處
不見住處如是如是須菩提是摩訶衍不見
來處不見去處不見住處何以故須菩提一
切諸法不動相故是法无來處无去處无住

所住須菩提色法无所從来亦无所去亦无
所住受想行識法无所從来亦无所去亦无
所住須菩提色如无所從来亦无所去亦无
所住受想行識如无所從来亦无所去亦无
所住須菩提色性无所從来亦无所去亦无
所住受想行識性无所從来亦无所去亦无
所住須菩提色想无所從来亦无所去亦无
所住受想行識相无所從来亦无所去亦无
所住須菩提眼眼法眼如眼性眼相无所從
来亦无所去亦无所住耳鼻舌身意意法意
如意性意相无所從来亦无所去亦无所住
色聲香味觸法亦如是須菩提地種地種法
地種如地種性地種相无所從来亦无所去
亦无所住水火風空識種識種法識如識種
性識種相亦如是須菩提如如法如如如性如
相无所從来亦无所去亦无所住須菩提實

相无所從来亦无所去亦无所住須菩提實
際實際法實際如實際性實際相无所從来亦
无所去亦无所住須菩提不可思議不可思
議法不可思議如不可思議性不可思議相
无所從来亦无所去亦无所住須菩提檀波
羅蜜檀波羅蜜法檀波羅蜜如檀波羅蜜性
檀波羅蜜相无所從来亦无所去亦无所住
尸羅波羅蜜羼提波羅蜜毗梨耶波羅蜜禪
波羅蜜般若波羅蜜般若波羅蜜法般若波
羅蜜如般若波羅蜜性般若波羅蜜相无所
從来亦无所去亦无所住須菩提四念處四
念處法四念處如四念處性四念處相无所從
来亦无所去亦无所住乃至十八不共法亦
如是須菩提菩薩菩薩法菩薩如菩薩性菩
薩相无所從来亦无所去亦无所住佛佛法
佛如佛性佛相无所從来亦无所去亦无所

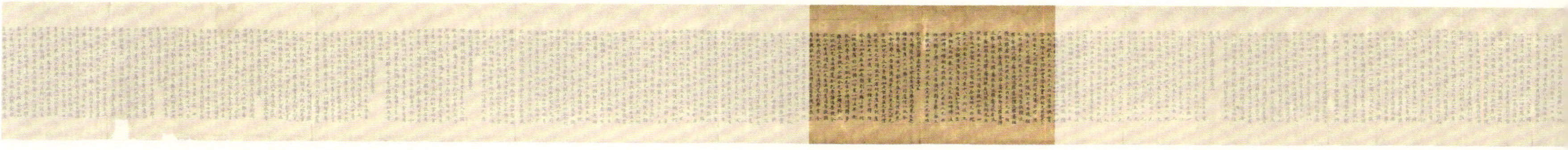

摩訶般若波羅蜜經无生品第廿五
辟支佛道我亦不欲令菩薩作難行為衆生受
種種苦菩薩亦不以難行心行道何以故舍
利弗生難心苦心不能利益无量阿僧祇衆
生舍利弗令菩薩憐愍衆生於衆生如父母兄
弟想如兒子及已身想如是能利益无量阿僧
祇衆生用无所得故所以者何菩薩摩訶薩
應生如是心如我一切處一切種不可得内
外法亦如是若生如是想則无難心苦心何
以故是菩薩於一切種一切處一切法不受
故舍利弗我亦不欲令无生中佛得阿耨多
羅三藐三菩提亦不欲令无生中轉法輪亦
不欲令以无生法得道舍利弗語須菩提令
欲令以生法得道以无生法得道須菩提語
舍利弗我不欲令以生法得道舍利弗言令
須菩提欲令以无生法得道須菩提言我亦

舍利弗我不欲令以生法得道舍利弗言令
須菩提欲令以无生法得道須菩提言我亦
不欲令以无生法得道舍利弗言如須菩提
所說无知无得須菩提言有知有得不以二
法令以世間名字故有知有得世間名字故
有須陁洹乃至阿羅漢辟支佛諸佛第一實
義中无知无得无須陁洹乃至无佛須菩提
若世間名字故有知有得六道別異亦世間
名字故有非以第一實義耶須菩提言如是
如是舍利弗如世間名字故有知有得六道
別異亦世間名字故有非以第一實義何以
故舍利弗第一實義中无業无報无生无滅
无淨无垢舍利弗語須菩提不生法生生法生
須菩提言我不欲令不生法生亦不欲令生
法生舍利弗言何等不生法不欲令生須菩
提言色是不生法自性空不欲令生受想行

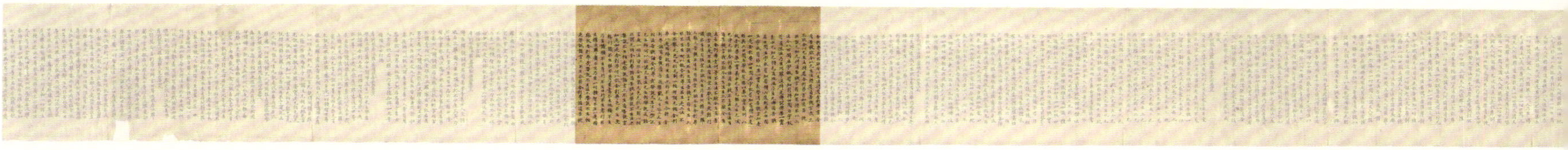

語須菩提生生不生生須菩提言非生生亦
非不生生何以故舍利弗生不生是二法不
合不散无色无形无對一相所謂无相舍利
弗以是因緣故非生生亦非不生生尒時舍
利弗語須菩提須菩提樂說无生法及无生
相須菩提語舍利弗我樂說无生法亦樂說
无生相何以故諸无生法无生相樂說及語
言是一切法皆不合不散无色无形无對一相
所謂无相舍利弗語須菩提汝樂說不生法亦
樂說不生相是樂說語言亦不生須菩提言
如是如是舍利弗何以故舍利弗色不生受
想行識不生眼不生乃至意不生地種不生
乃至識種不生身行不生口行不生意行不
生檀波羅蜜不生乃至一切種智不生以是因
緣故舍利弗我樂說不生法亦樂說不生相
是樂說語言亦不生尒時舍利弗語須菩提

緣故舍利弗我樂說不生法〻樂說不生相
是樂說語言〻不生尒時舍利弗語須菩提
須菩提於說法人中應第在上何以故須菩提
隨所問皆能荅須菩提言諸法无所依故舍利
弗語須菩提云何諸法无所依須菩提言　色
性常空不依內不依外不依兩中間受想行
識性常空不依內不依外不依兩中間眼耳
鼻舌身意性常空不依內不依外不依兩中
間色性常空乃至法性常空不依內不依外
不依兩中間檀波羅蜜性常空乃至般若波
羅蜜性常空不依內不依外不依兩中間內
空性常空乃至无法有法空性常空不依內
不依外不依兩中間舍利弗四念處性常空
乃至一切種智性常空不依內不依外不依
兩中間以是因緣故舍利弗一切諸法无所
依性常空故

般若波羅蜜乃至正憶念終不中毒死兵刀
不傷水火不害乃至四百四病所不能中除
宿命業報復次憍尸迦若有官事起是善男
子善女人讀誦般若波羅蜜故往到官所官
不譴責何以故是般若波羅蜜威力故若善
男子善女人讀誦是般若波羅蜜到王所若
太子大臣所王及太子大臣皆歡喜問訊和
意與語何以故是諸善男子善女人常有慈
悲喜捨心向衆生故憍尸迦若善男子善女
人受持般若波羅蜜乃至正憶念得如是等
種種今世功德

摩訶般若波羅蜜經校舍利品第卅六

般若波羅蜜中生諸佛及生一切衆生樂具
故諸佛舍利名是一切種智住處因緣以是
故世尊二分中我取般若波羅蜜復次世尊
我若受持讀誦般若波羅蜜深心入法中我

我若受持讀誦般若波羅蜜深心入法中我
是時不見怖畏相何以故世尊是般若波羅
蜜无相无貌无言无說世尊无相无貌无言
无說是般若波羅蜜乃至是一切種智世尊
般若波羅蜜若當有相非无相者諸佛不應
知一切法无相无貌无言无說得阿耨多羅
三藐三菩提為弟子說諸法无相无貌无言
无說世尊用般若波羅蜜實是无相无貌无
言无說故諸佛知一切諸法无相无貌无言无
說得阿耨多羅三藐三菩提為弟子諸說法
〻〻无相无貌无言无說是故世尊是般若波
羅蜜一切世間諸天人阿脩羅應恭敬供養
摩訶般若波羅蜜經隨喜迴向品第卅八
應有得不應取相如是迴向若有得取相迴
向諸佛不說有大益利何以故是迴向雜毒
故譬如美食雜毒雖有好色好香為人所貪

男子善女人不諦受不諦取相不諦誦讀不
解中義如是教化言汝善男子過去十方未
來現在諸佛從初發意已來至得阿耨多羅
三藐三菩提入无餘涅槃乃至法盡於其中
隨喜迴向阿耨多羅三藐三菩提是迴向以取
相得法故如雜毒食得法者終无正迴向何
以故是得法雜毒有相有動有戲論若如是
迴向則為謗佛不隨佛教不隨法說是善男

摩訶般若波羅蜜經大度品第廿九

尒時慧命舍利弗白佛言世尊是般若波羅
蜜佛言是般若波羅蜜世尊般若波羅蜜能
照一切法畢竟淨故世尊應礼般若波羅蜜
世尊般若波羅蜜不著三界世尊般若波羅
蜜除諸闇冥一切煩惱諸見除故世尊般若
波羅蜜一切助道法中最上世尊般若波羅
蜜安隱能斷一切怖畏苦惱故世尊般若波

波羅蜜一切助道法中最上世尊般若波羅
蜜安隱能斷一切怖畏苦惱故世尊般若波
羅蜜能與光明五眼莊嚴故世尊般若波羅
蜜能示導墮耶道衆生離二邊故世尊般若
波羅蜜是一切種智一切煩惱及習斷故世
尊般若波羅蜜諸菩薩摩訶薩母能生諸佛
法故世尊般若波羅蜜不生不滅自相空故
世尊般若波羅蜜遠離生死非常非滅故世
尊般若波羅蜜无救者作護施一切珎寶故
世尊般若波羅蜜具足无能破壞故世尊般
若波羅蜜能轉三轉十二行法輪一切諸法
不轉不還故世尊般若波羅蜜能示諸法性
无法有法空故世尊應云何供養般若波羅
蜜佛言當如供養世尊礼般若波羅蜜當如
礼世尊何以故佛世尊不異般若波羅蜜般
若波羅蜜不異世尊世尊即是般若波羅蜜

須陁洹般若波羅蜜中生十善道四禪四无量心

BD00227 菩薩見實三昧經卷一

（北齊）那連提耶舍 譯

926.8cm × 26cm

聖眷屬如
去皮膚唯有心實堅固
後夜露地而坐時比丘衆
圍遶尒時世尊嘿然而住觀比丘衆告
諸比丘汝等諸人訪覓一人堪能往化淨飯
王者尒時慧命阿若憍陳如即從坐起徧袒
右肩右膝著地合掌向佛即使作礼白佛言
世尊我當往化淨飯王耶佛言汝心憍陳如
汝今具足大師之德不應往彼時有慧命婆
澀模及大名耶輪陁優樓毗螺迦葉摩訶迦
葉舍利弗大目連等各白佛言世尊我等堪
能往化淨飯王也佛告摩訶目連汝等且止
汝等皆悉具足大師尊重之法不應往化尒

三昧力莊嚴其心即得見佛意之所念在於
慧命迦盧陁夷欲令往化淨飯王耳譬如重
閣樓窓之中日從東入光照西壁如是目連
見世尊心專在迦盧陁夷欲令化王亦復如
是尒時慧命目連即從定起往迦盧陁夷所
到已白言世尊心念知汝堪能往化淨飯王
迦盧陁夷汝今應當發大勇猛速往化王
目連作是語已時慧命迦盧陁夷白目連
言凡庶難化何況國王何以故剎利種姓灌
頂大王有自在力難可化故大目連譬如聚
積柴若二若三乃至千載如此柴聚逕多
年歲甚大乾燥于時有人放火燒之成大火
聚於意云何此之火聚寧為大不目連言甚

BD00227　菩薩見實三昧經卷一

聚於意云何此之火聚寧爲大不目連言甚
大若復有人更以无量蘇油溉灌此火增盛
不大目連言轉熾倍盛於意云何此火可近
不目連言難可得近如是大目連刹利種姓
灌頂大王難可教化不可得近亦復如是大
目連譬如狂爲之牙可觸以不目連言不可
觸也如是大目連灌頂刹利難可教化亦復
如是時慧命目連復白優陁夷言世尊心念
知汝堪能往化淨飯王也優陁夷復白目連
言世尊寳垂顧念謂我堪能往化淨飯王耶
目連荅言世尊寳誠念汝謂汝堪能教化父王
尒時世尊自告優陁夷言優陁夷汝可入城
教化父王何以故唯我與汝堪能教化淨飯

優陁夷言
諦聽優陁夷　汝能善教導　必令釋種喜　往化寂勝王
王令受悟時　無利諸天人　必得到彼岸　汝當速往化
釋種淨飯王　令懷恨乱濁　往念慧不行　猶如墜高崖
戀惜子高位　慧心盡迷沒　如啇失重寶　追念生大苦
如天墜宮殿　追戀五欲樂　未知佛正法　悲哀大惱乱
自念失七寶　及與人四通　憶此聖王位　口出非法言
王時悲乱言　不覺己及他　如奪精魂鬼　執持於人身
猶在雞羅山　一切无所見　如是惱恨鄣　應見不復覩
亦如眼瞎死　己心不自了　憂恨迷惑障　王不識自善
如婦夫智亡　悲淚生憂悔　王令癡惱乱　哀戀生大苦
汝具巧方便　往化淨飯王　摧倒耶慢憧　當建正法燈
更无有能化　淨飯大王者　唯汝優陁夷　過去曾同行

汝具巧方便　往化淨飯王　摧伏耶慢幢　當建正法燈
更无有能化　淨飯大王者　唯汝優陁夷　過去曾同行
優陁夷當知　曾有大國王　名曰增長寶　聲名震十方
如法作國主　一切皆歸化　能以正法治　王領四天下
城邑悉滿中　花菓香園苑　多諸賢聖衆　无有雜惡人
芳林甚稠密　地淨无棘刺　多饒淨妙寺　花池莊嚴好
人民廣嚴盛　棄惡常善住　閉諸惡趣門　必昇妙天道
彼王昔有子　曾廣供養佛　脩脩諸善根　具足諸功德
名曰妙堅慧　億衆所供養　常見色欲過　棄家樂閑靜
父王勑子言　汝可受五欲　婇女自娛樂　遊觀寶宮池
我今為汝辦　翫弄无之少　云何不愛樂　汝當說其意
知諸趣善妙　汝受寶宅中　女寶常圍遶　妙境甚可樂
諸仙處閑林　猶捨退還家　受諸色欲樂　況汝无之少

目如優波葉　脣赤若含丹　面滿廣黛眉　平額姝咽頸
膺平缺骨滿　臂如象王鼻　掌如蓮華色　指圓傭纖好
舌薄廣紅赤　美言若甘露　齒素利齊密　珠瓔寶衣服
臍深腹不見　脊如金剛杵　髀股傭圓直　伊尼鹿王蹲
行步如鵝王　皆各瞻視汝　盛年甚可愛　堪能存後嗣
汝及衆臣人　猶如春花開　盛年色未退　應當速受樂
堅慧白父王　王言非正理　若有如法語　所勑不敢違
王聽我今說　樂善真實語　乃至於夢中　不起婬慾想
父王今此言　智者所不許　愚者樂此事　明人常所厭
何故明目人　而羨盲瞽道　豈有岸上人　反樂沉溺者
何有解脫人　而復樂牢獄　豈有安樂人　欽羨衆苦者
我意觀父王　如盲溺獄者　如夢受五欲　復爲慾所溺
父王如盲瞑　我目見殊勝　王爲慾所漂　我今甚厭賤

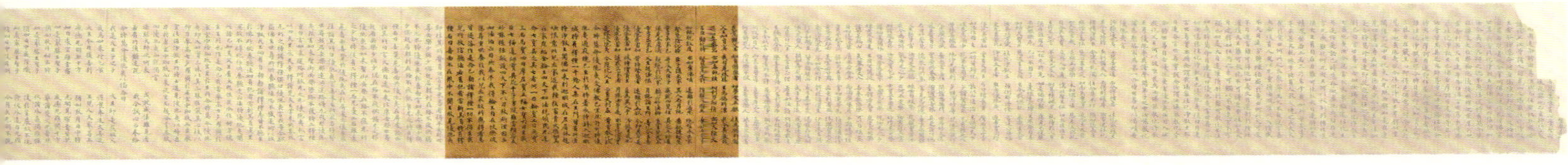

我意觀父王　如盲溺獄者　如夢受五欲　復為欲所溺
父王如盲冥　我目見殊勝　王為欲所漂　我今甚厭賤
欲如毒藥器　亦如毒虵頭　如利刀劒稍　亦如大猛火
王臣勸化時　堅慧志不許　捐親及國土　棄欲而出家
如虵脫故皮　亦如棄涕唾　遠離於過惡　絕望永出家
堅慧捨俗時　臣子隨出家　其人名月施　棄欲隨堅慧
童子出家已　并及大臣子　盛就四梵住　具足五神通
深見五塵過　超絕於欲界　轉正妙法輪　直生梵天上
童子出家已　父王起慊恨　月施詣王所　善化令王喜
優陁夷當知　昔時堅慧者　遠離於五欲　今即我身是
優陁夷當知　彼時增寶王　豈為異人乎　淨飯王是也
優陁夷當知　隨我出家者　月施汝身是　亦曾化增寶
是故優陁夷　今應化父王　必有大利益　昔曾教化故

城時有釋種一千餘人集在王門皆有所須
時淨飯王聞佛如來到迦毗城在尼居林起
嫌恨意此兒出家退我種族富貴大樂知其
在家應紹金輪王四天下如法統領民无逆
命七寶具足其七者何一曰輪寶二曰象寶
三名馬寶四曰摩尼寶五稱女寶六曰主藏
臣七稱道師寶具足千子勇健難當顏容美
妙能摧强敵護四天下不以刀杖斷理國土
如法治正自然泰平我得輪王自在快樂彼
應尊重供養於我以兒出家故所應得者悉
皆墜落作是念已勑諸釋種一切不得至我
兒所敬信聽法若有犯者當斬其首時有釋
種名曰喜面不在衆中不聞王教見優陁夷

見所敬信聽法若有犯者當斬其首時有釋
種名曰喜面不在衆中不聞王教見優陁夷
即往其所稽首白言善来尊者得平安耶世
尊安樂少病少惱起居輕利在路不疲供膳
不乏也時優陁夷報喜面言如来安樂少病
少惱起居輕利在路不疲飲食无乏時有釋
種名曰善覺見喜面共優陁夷在屏處語亦
詣其所白言大德自遠而来比康吉耶世尊
起居安樂少病少惱在路不疲供膳无乏耶
優陁夷答如来聖御安樂在路不疲无所
乏少尒時復有二釋種一名无憂二名離憂
見喜面善覺共優陁夷在於屏處亦復棄衆
往詣其所白優陁夷言善来至此氣力好耶

重白言如來途路何故无之也優陁夷報言
以四天王及天帝釋諸梵天王常來供養故
无所乏時諸釋種俱白優陁夷言我等今欲
詣佛至世尊所供養聽法恐不獲遂何以故
淨飯大王向有白勑勑諸釋種悉皆不聽至
於佛所供養聽法如有犯者當斬其首慮王
嗔故不得礼拜供養聽受正法時優陁夷聞
此語已知其父王有大怨恨我今作何方便
至王所也作是念已我當舉高七多羅樹於
虛空中結跏趺坐至於王所尒時慧命優陁
夷即入如實三昧以其三昧莊嚴其心復以
神力舉高七多羅樹於虛空中跏趺而坐飛
空往詣淨飯王所時王遥見優陁夷以神通

神力舉高七多羅樹於虛空中跏趺而坐飛
空往詣淨飯王所時王遥見優陁夷以神通
力於虛空中跏趺而來從坐而起合掌恭敬
向優陁夷而說偈言
染服大師從何來　成就威儀難見者
若有所須願速說　我今誠心必奉給
尒時慧命優陁夷以偈荅曰
我是大王子之子　大王即是我祖父
我為如来行乞食　得食奉送大善逝
大王今日獲善利　王見人天冣尊上
威德光明照十方　猶如秋月日中時
如日處空離雲翳　光明晃曜普皆照
如是冣勝王聖子　威德光顯聞十方

猶如日中盛隆熾　陵於星辰故不現
如是寂勝王聖子　降伏外道自光顯
猶如日中陵月明　令月失光明不現
是王聖子伏外道　如日盛明月隱照
如禽獸聞師子吼　水陸空行散還穴
驚奔逃走迷諸方　以師子聲難忍故
大聖如來震吼時　耶外道聞无我聲
假使无知至有頂　聞此无我皆悉怖
盲冥愚癡人天中　有目如來亦明炬
為作明燈除愚闇　興舉无上智光輪
顯示耶正等不等　教導世間道非道
為失路者示其路　拔慾淤泥置岸上
如興雲陰覆枯地　注雨充足原隰滿

爲失路者示其路　扶從淤泥置岸上

如興雲蔭覆枯地　注雨充足原隰滿

如是大王仙聖子　興建法雨潤人天

如水沾地及山川　并諸百卉聚林樹

藥草條莖及枝蔓　諸花蓊蔚遍山好

如是十力四无畏　具足十八不共樹

一切智藥花莊嚴　王仙聖子妙微身

如須彌山處大海　嚴好不動天樂居

如斯善逝大王子　沙門海中最第一

忉利天王舍脂夫　於天衆中奇特好

如斯世尊大王子　沙門衆中最殊妙

吼說秘奧甚深法　以悲鬘電遍一切

如來龍王降法雨　念處池水綢主下

具足念處摩尼寶　戒定舡艘渡彼岸
覺支寶釧禪浩滿　復求畢叉入佛海
清淨戒根堅難動　三昧樹葉念處枝
七覺花空堅樹身　无我堅固成佛樹
戒林中行大力者　三昧調伏德山依
三解脫門為境界　佛十力牙是王子
正見无著牟尼尊　能降强敵勝牛王
恐怖種種諸外道　是大王子无畏吼
尸羅德藏妙莊嚴　禪定寂滅无量衣
具智牟尼解脫境　能施財物如長者
遠離諸惡集諸善　滅諸煩惱善慧根
惠施天人脩羅等　光明晃曜王聖子
戒雲空慧以為電　八支綢雨能潤澤

惠施天人脩羅等　光明晃曜王聖子
慈雲空慧以為電　八支綗雨能潤澤
牟尼能與勝苗子　王子猶如大龍雨
尒時淨飯王以偈問曰
勝士得来安樂耶　至於飯食无乏少
身无疲勞床卧具　如花在岸不蔫萎
尒時優陁夷以偈荅曰
禪定境界具神力　身心安樂遍充滿
牟尼神慮依寂心　猶如金蓮不枯燋
尒時淨飯大王以偈問曰
昔以旌鼓自驚悟　美音箏笛及簫瑟
妙好伎女以自娛　今獨林中不苦耶
尒時優陁夷以偈對曰

尒時淨飯王以偈問曰
无價寶床常安卧　眠時美女衆在側
周圍廣設明燈樹　如何闇卧不悒慼
尒時優陁夷以偈荅曰
牟尼眠時卧聖床　慈為氈褥悲樂枕
佛住喜心常怡悅　捨三有趣不悒慼
尒時淨飯王以偈問曰
諸健釋種常圍遶　愽達多聞以為伴
殿舍天宮中長養　如何今日樂林間
尒時優陁夷以偈對曰
如法生子恒現前　同脩寂心在其側
心好閑林脩諸定　離畏導師樂山林
尒時淨飯大王以偈問曰

尒時淨飯大王以偈問曰
童子昔日在宮時　以天浴池而滌沐
亦用香澤塗其身　今在林中誰為洗
尒時優陁夷以偈對曰
諸法池水戒善岸　牟尼自浴并浴他
已及諸子浮不濕　自度以訖及群生
尒時淨飯大王以偈問曰
昔種種香常薰體　金綫真珠以嚴身
常著天子妙衣服　今在林間用何飾
尒時優陁夷以偈對曰
功德瓔嚴戒香薰　禪定瓔珞慚愧衣
通明解脫自莊嚴　光明威德曜林中
尒時淨飯大王以偈問曰

尒時優陁夷以偈對曰

慈悲忍辱自防衛　聲聞弟子眷屬力

以功德法定无怖　十力雄猛四无畏

尒時淨飯大王以偈讚曰

善哉善說我子德　久脩善法不退轉

汝進食訖將飯去　我亦往詣牟尼王

尒時優陁夷復白王言大王婆伽婆是大衆
師善御群生是大仙人能善安住沙門衆中
沙門中王光明普照譬如十五日夜淨月圓
滿衆星圍遶光明甚盛照曜一切世尊亦尒
在沙門衆中光明照曜亦復如是譬如秋日
在於空中无諸雲翳彼婆伽婆亦復如是在
大衆中光明照曜亦復如是譬如帝釋天中

大衆中光明照曜亦復如是譬如帝釋天中
之王坐善法堂諸天之中光明顯赫彼婆伽
婆在於衆中光明晃曜亦復如是譬如須夜
摩天兜率陁天王化樂天王他化自在天王
在天衆中光明顯曜威德獨尊彼婆伽婆於
沙門衆中威德顯赫亦復如是猶如娑婆世
界主大梵天王與百億梵衆之所圍遶光明
晃曜威德獨尊彼婆伽婆在沙門衆中光明
顯赫威德尊勝亦復如是
尒時淨飯王聞說婆伽婆道德已心作是念
此乃世尊聲聞弟子猶有如是大神通大威
力大功德何況如来復念太子本生之時大
地六種十八相動動遍動等遍動踊遍踊等

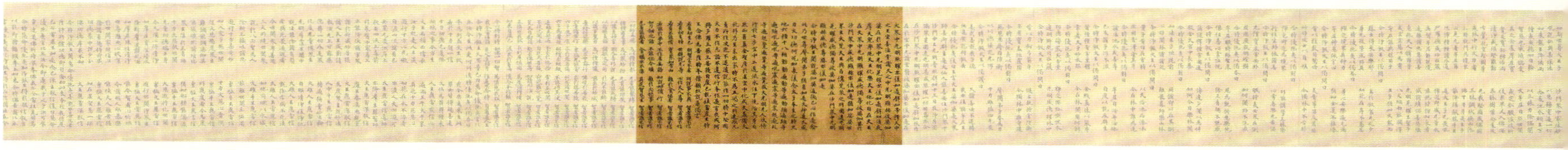

行於七步空中二道流水注下洗浴其身自
然而有真金聖座於虛空中化成天蓋諸天
礼拜乃至未出家時不為五慾之所迷惑凡
有所作決定不退隨說能作一切時中堅固
大力不作忘語不違信行本作是言我成阿
耨多羅三藐三菩提自度已訖復當度王時
王念佛為菩薩時本誓願故說是偈言
若有初生已　明智言不虛　所說事不異　智者誰不信
若有初生時　世親說无等　必作天人尊　智者誰不信
若有不能惜　寶聚如雪山　離於貪恡者　智者誰不信
若能於夢中　不作虛妄語　如說如脩行　智者誰不信
如刀劒之語　不能惱令瞋　離於忿怒事　智者誰不信
无有能欺者　貪瞋亦不染　具足智慧王　智者誰不信

无有能欺者　貪瞋亦不染　具足智慧王　智者誰不信
一切妙五欲　及以種種報　无有能繫縛　智者誰不信
種種希有事　及以衆妙物　无有能怖畏　智者誰不信
以諸美妙言　明人善巧說　无有能或縛　智者誰不信
以諸順義語　諸欲決定句　於此不能縛　智者誰不信
以諸軍駕力　及以種種護　能出於妙城　智者誰不信
棄捨妙欲樂　為求甘露行　悕望於菩提　智者誰不信
六年脩苦行　勇猛无能當　求於勝菩提　智者誰不信
六年麻少食　求於勝菩提　利安諸世間　智者誰不信
六年為魔擾　相續求短缺　不能得其便　智者誰不信
遠離五欲過　不求於他物　常利益世間　智者誰不信
不從他聞法　自然成菩提　寂定難可覺　智者誰不信
梵天自勸請　慇求佛世尊　如請而演說　智者誰不信

今正得利時　知佛一切智　為憐愍我故　智者誰不信
我今當往詣　見人道師身　作是思念時　自省是人王
尒時淨飯王久思量已白慧命優陁夷言比
丘汝今至此更何所須時優陁夷以偈荅曰
本為利益大王故　我今乘通來至此
若於十力起一信　男女皆得趣善道
十力功德无邊際　大仙為諸釋種來
欣欣之事今方生　人主應當發信心
大王名稱必增長　遍滿三千大千界
汝子既是人王藏　具足十力慈悲心
遊行十方心无礙　如花在水不染著
自渡四流諸有已　亦渡人天四瀑河
安置无畏洲岸上　大王應當信導師

安置无畏洲岸上　大王應當信導師
拔去四流三毒箭　亦降羣生勝醫師
於衆醫中冣尊上　大王應當深敬信
亦能降伏諸軍衆　魔王眷屬惡親黨
證於寂滅妙菩提　大王應當深敬信
諸人天王咸勸請　為度衆生說妙法
敷演无上甘露藥　人中牛王應當信
隱蔽一切外道衆　轉過稱量妙法輪
化度无量億衆生　大雄人王應當信
无明厚覆黑闇中　自眼清淨復淨他
說法能除諸盲翳　大雄人王應當信
老病死畏逼迫者　說除老病不死法
令世間衆昇善趣　大雄人王當應信

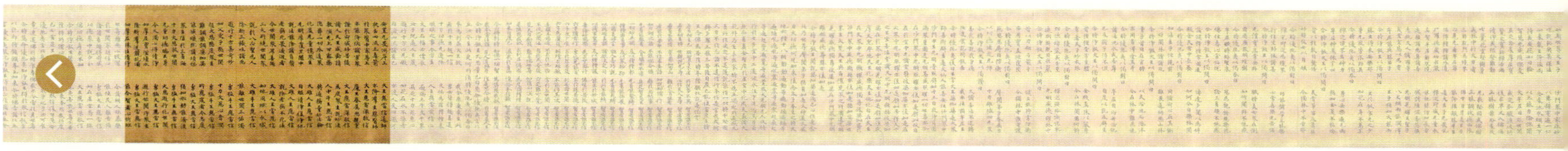

除斷三穢吐諸惡　能離世間三垢濁
遊行十方甚奇妙　勇猛牛王應當信
如父愛子愍世間　十力大慈心普潤
起大悲愍度衆生　勇猛牛王應當信
難調能調婆伽婆　所應度者令悉度
能滅熾然諸煩惱　勇猛大王應當信
衆生墮於三有海　猶如船舫能濟渡
十力大悲救世間　勇猛牛王應當信
无量功德端正身　大悲遊行化世間
令久濁心得清淨　勇猛大王應當信
如摩尼寶澄清水　遊行世間淨衆生
除斷羣迷競乱濁　勇猛大王當應信
如摩尼珠性清淨　能令智者心忻欣

如摩尼珠性清淨　能令智者心忻欣
世尊離惡心皎潔　令諸明人欣慕樂
於世間家起信心　能使天人離苦惱
捨諸有趣得寂滅　勇猛大王應當信
功德衆中說少分　如在虛空鳥一跡
佛功德岸我不知　大王應當深敬信
尒時淨飯王聞慧命優陁夷善說世尊為菩
薩時所脩功德即自念知如來本惱我得度
已必當度王如是念已深生敬信復白慧命
優陁夷言比丘汝今即是我子之子汝可食
竟速還佛所將食奉佛我亦今當往見世尊
尒時慧命優陁夷知淨飯王得於敬信飯食
以〻訖即持餚饌奉上如來尒時佛告諸比丘

夷言善哉善哉汝於今日得大福德以淨飯
王得敬信故尒時佛告諸比丘言迦盧陁夷
化淨飯王所得功德若是色者十方世界恒
沙佛剎所不容受以功德聚廣大无量故

菩薩見實三昧淨飯王詣佛品第二

尒時世尊飯食滌手洗鉢器已現其瑞相即
時毗沙門天王以无量那由他百千億衆夜
叉圍遶辟如壯士屈申臂頃一念之中從天
宮沒佛前而現頭面礼足住立北方於虛空
中夜叉大衆前後圍遶合掌恭敬佛及衆僧
提頭賴吒天王以无量百千那由他乹闥婆
衆前後圍遶亦如壯士屈申臂頃從天宮沒
於如來前頭面礼足住在東方於虛空中恭

於如来前頭面礼足住在東方於虛空中恭
敬世尊及比丘衆尒時毗樓勒天王以无量
百千那由他鳩槃荼衆之所圍遶亦如壮士
屈申臂頃從天宮没在於佛前頭面礼足住
於南方在虛空中合掌恭敬如来及比丘衆
尒時西方毗樓愽叉天王以无量百千那由
他諸龍前後圍遶亦如壮士屈申臂頃從天
宮没於如来前頭面礼足住在西方於虛空
中合掌恭敬如来及比丘衆釋提桓因天王
亦復如是无量那由他百千圍遶從三十三
天没住於佛前頭面礼足於虛空中恭敬如
来及比丘衆夜摩天王兜率陁天王化樂天
王他化自在天王娑婆世界主大梵天王光

於佛前頭面礼足在虛空中恭敬如来及比
丘衆亦復如是尒時毗摩質多阿脩羅王
與六十那由他眷屬前後圍遶猶如壮士屈
申臂頃於自宮沒住於佛前頭面礼足覌恭
敬相却住一面金翅鳥王亦與八万六千迦
樓羅衆眷屬圍遶於自宮沒住於佛前頭面
礼足及諸外道其有八億從諸方来而說偈言

於淨虛空中　十五夜滿月　超過諸星衆　光明獨顯曜
佛如淨月輪　滅闇除三垢　能超諸外道　猶如空中月
秋日千光明　能除諸闇冥　超出明月光　開布蓮花池
佛光過於日　普照大千界　如来能開現　聲聞蓮花林
天主憍尸迦　住在善法堂　出過諸大衆　金剛杵光曜
十力功德山　兩足尊勝王　超過諸外道　猶如釋天王

天主憍尸迦 住在善法堂 出過諸大衆 金剛杵光曜
十力功德山 兩足尊勝王 超過諸外道 猶如釋天王
須夜摩天王 天衆所供養 住在天衆中 光赫坐寶座
十力无邊威 超過惡道趣 无畏光明德 顯說八正道
如兜率天王 在宮衆圍遶 超過諸天衆 宿善而晃曜
調御人天師 八部所供養 超過諸世間 无畏顯說法
如化樂天王 在於天宮中 超過諸天衆 功德獨光顯
佛超諸世間 離濁出三界 能調未調王 具十力光照
如自在天王 住居天宮中 超過諸天衆 宿善而晃曜
如是佛光明 具足十力行 超過天人衆 本善功德故
如大梵天王 超過諸梵衆 光耀說甚美 顯於八正路
如來勝梵天 沙門衆中王 光明照三界 轉於四諦法
知見衆集已 天人龍聽法 人中最勝王 吐宣八正語

現瑞相所謂明星出時當知日出不久迦盧
陁夷亦復如是於佛如来一切種智先見瑞
相比丘所說如来功德即是一切智相諸人
者速辦好乘我當往詣至如来所時釋種臣
言善哉大王今正是時所須之具今悉已辦
尒時大王勑諸臣言從迦毗羅城乃至尼俱
陁林於其中閒精治道路以好軟沙遍布其
地散種種花懸諸繒綵作唱伎樂種種歌儛
尒時大王乘好車乘出迦毗羅城詣尼俱園
於彼乘後有八万白馬以種種寶閒錯莊嚴
於其馬上各立七寶殿堂甚奇微妙於其馬
後各嚴八万寶馬於其馬上各有金幢其馬
及幢各以七寶莊嚴微妙第一是時城中有

及幢各以七寶莊嚴微妙第一是時城中有
无量人嚴飾車乘諸所服飾青馬青車青
蓋嚴飾執持青刀衣服皆青傘戟鞦轡[illegible]
青色各持青幢一一車後百青衣人之所圍遶
復有釋種等各各嚴飾種種好車青黃白
赤雜色莊嚴雜色車馬雜色嚴飾一一車馬皆
有百人雜色莊嚴亦復如是尒時世尊遥見
王来告諸比丘汝若欲見三十三天遊戲衆
者當觀釋種出迦毗城何以故釋種遊行與
天无異故尒時世尊而說偈言
其迦毗羅妙城中　淨飯大王及眷屬
家勝人王今方至　諦聽諦聽我當說
爲馬車乘過百千　種種莊嚴甚殊妙

靴帽刀拂咸亦青　青鞭青繮青鈴網
青衣人持青幢蓋　人馬皆青甚殊妙
黄馬黄車黄莊飾　將從衣服悉黄色
靴帽刀拂皆亦黄　黄鞭黄繮黄鈴網
黄衣人持黄幢蓋　人馬皆黄甚殊妙
赤馬赤車赤莊飾　將從衣服悉赤色
靴帽刀拂皆亦赤　赤鞭赤繮赤鈴網
赤衣人持赤幢蓋　人馬皆赤甚殊妙
白車白馬白莊嚴　將從衣服悉白色
靴帽刀拂皆亦白　白鞭白繮白鈴網
白衣人持白幢蓋　人馬皆白甚微妙
雜色車馬雜莊嚴　將從衣服悉雜色
靴帽刀拂皆亦雜　雜色鞭繮雜鈴網

靴帽刀拂皆亦雜　雜色鞭轡雜鈴網
雜色衣人持幢蓋　人馬皆雜甚微妙
彼諸車後莊嚴爲　其數足滿八十千
金輦金輚金莊飾　爲背皆有七寶嚴
種種莊飾妙龍馬　其數亦滿八十千
七寶莊嚴甚奇麗　衆妙服飾從車後
以諸妙花散御路　用五種香薰其地
懸諸瓶香并繒綵　壯士戲人歌儛華
種種莊嚴遍其路　作諸音樂從王後
尒時淨飯王及諸侍從至尼俱樹園下車
而入步衆導從前後圍遶尒時世尊知父王心
深生悲恨爲度王故過於人上在虚空中自
在遊行如来行時娑婆世界主大梵天王在

持種種天蓋供養如来尒時毗沙門王提頭
賴吒王在佛東面偏袒右肩右膝着地合掌
向佛現恭敬相毗婁勒王毗婁博叉王在佛
西面亦偏袒右肩右膝着地合掌向佛現恭
敬相尒時四天王天三十三天夜摩天兜率
陁天化樂天他化自在諸天子等在虛空中
雨天優鉢羅花栴檀末香曼陁羅花作天伎
樂及以歌儛復於虛空中雨諸香水從昔以
来未曾見聞優鉢羅末真檀香末供養如来
尒時世尊亦現神通以通力故令人見天差
別之相時淨飯王見諸天子供養如来生怖
有心復見嚴飾七寶重閣滿虛空中見已作
是說言如来本昔作童子時不以四天下轉

是說言如來本昔作童子時不以四天下轉
輪聖王生於顧戀何以故今在三千大千世
界中為大法王統領天人富貴自在今此世
尊為正法王我今於此為人圍遶世尊乃有
天人侍衛尒時淨飯王徧袒右肩右膝著地
頭面礼足合掌向佛而作是言世尊初生之
時无人扶侍而行七步觀察十方而作是言
我於世間最尊最勝當得度脫老病死邊我
於尒時頭面礼世尊足復於後時至於田村
閻浮樹下坐於清涼日雖西移影初不動復
有六天童子合掌作礼在如來前我於尒時
頭面作礼大牟尼足我今第三復亦頭面礼
世尊足尒時淨飯王而說偈言

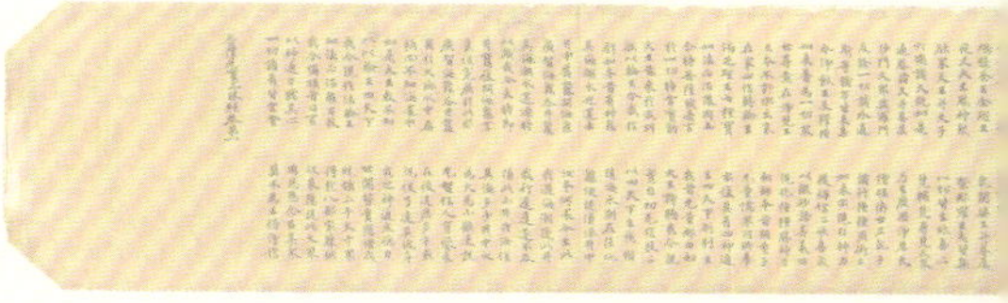

牟尼踰城至田村　閻浮樹影蔭不移
六天種子脩供養　我時復礼世應供
今是第三稽首礼　恭敬憐愍世間尊
堪受人天微妙供　世无如佛何有勝
世尊本号悉達多　字為父母所喜樂
始知如来名稱實　得願滿足獲甘露
尒時欲界諸天與世尊敷師子座以天妙衣
敷在座上及尼俱園復以天劫波樹衣弥覆
虛空尒時世尊從空而下在師子座跏趺而
坐時淨飯王及諸眷屬頭面礼足退坐一面
欲色二界諸天子等亦頭面礼足於虛空中
退坐一面尒時世尊而說偈曰

退坐一面尒時世尊而説偈曰
淨飯大王及眷屬　来詣世親設供養
從迦毗羅妙城出　趣尼俱陁可樂園
佛與无量衆圍遶　阿脩羅王及龍王
鳩槃茶王金翅王　乾闥婆王并眷屬
夜叉大王鬼神衆　緊那羅王悉皆集
欲界天王并天子　梵輔梵身梵天衆
六欲諸天既如是　一切皆生欣喜心
遍勝諸天并眷屬　乃至廣果淨居天
沙門大衆婆羅門　僧佉衛世尼乾子
及餘一切諸外道　脩行種種異術士
斯等諸方皆来集　如来亦現自神力
令淨飯王及釋種　獲得信心欣喜成
[illegible]

王本不許佛出家　相師本昔相童子
在家必作轉輪王　无量億衆所供養
滿足聖王七種寶　亦復具有四神通
如法正治護國土　王四天下刹利主
尒時菩薩發是言　我昔无量那由劫
於一切時常實語　大王諦聽我今說
大王昔來於我所　實自初无信敬心
欲以輪王令我作　以四天下生戀惜
譬如本昔有神龜　隨海水潮在陸地
其海潮水迴還去　龜便墜墮深井中
井中舊鼈問海龜　汝本何處今至此
廣智海龜荅井鼈　我遇海潮墜此井
其海潮水還源時　我行遲遲遂不及

其海潮水還源時　我行遲遲遂不及
以斯我今失時節　隨此小井共汝住
井鼈復問海龜言　其海多少井中水
豈復寬廣於此耶　為大為小願速說
廣智海龜荅井鼈　无智住人穿鑿處
我於大海水中居　在彼逕歷多年載
猶尚不知海處中　況復了達其彼岸
如是大王教不知　我之神通威德力
以以輪王四天下　世間豪貴戀惜我
我今現作法輪王　統領三千大千界
如法正治離刀杖　得於八部最勝供
我今稱順昔日言　故來應現此大眾
以神通力脩其心　用慈悲念召集眾

菩薩見寶三昧經卷第一

BD00227　菩薩見寶三昧經卷一

BD00228

妙法蓮華經卷三

（後秦）鳩摩羅什 譯

195.1cm × 25.5cm

像法亦住二十小劫國界嚴飾无諸穢惡瓦
礫荊棘便利不淨其土平正无有高下坑坎
堆阜琉璃為地寶樹行列黃金為繩以界道
側散諸寶華周遍清淨其國菩薩无量千億
諸聲聞衆亦復无數无有魔事雖有魔及魔
民皆護佛法尒時世尊欲重宣此義而說偈
言
告諸比丘　我以佛眼　見是迦葉　於未來世
過无數劫　當得作佛　而於來世　供養奉覲
三百万億　諸佛世尊　為佛智慧　淨脩梵行
供養最上　二足尊已　脩集一切　无上之慧
於最後身　得成為佛　其土清淨　琉璃為地
多諸寶樹　行列道側　金繩界道　見者歡喜

其心調柔　逮大神通　奉持諸佛　大乘經典
諸聲聞衆　无漏後身　法王之子　亦不可計
乃以天眼　不能數知　其佛當壽　十二小劫
正法住世　二十小劫　像法亦住　二十小劫
光明世尊　其事如是
尒時大目揵連須菩提摩訶迦栴延等皆悉
悚慄一心合掌瞻仰世尊目不暫捨即共同
聲而說偈言
大雄猛世尊　諸釋之法王　哀愍我等故　而賜佛音聲
若知我深心　見為授記者　如以甘露灑　除熱得清涼
如從飢國來　忽遇大王膳　心猶懷疑懼　未敢即便食
若復得王教　然後乃敢食　我等亦如是　每惟小乘過
不知當云何　得佛无上慧　雖聞佛音聲　言我等作佛

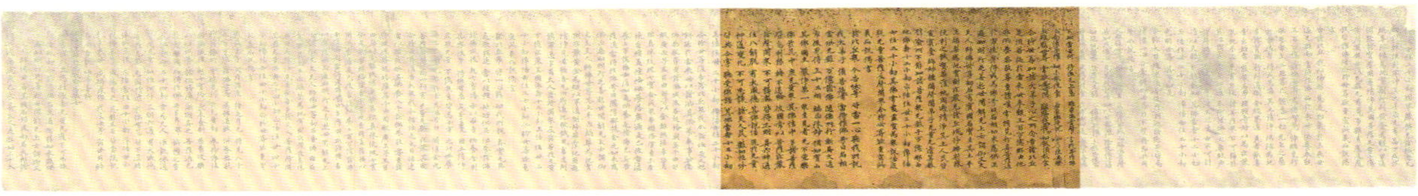

不知當云何　得佛无上慧　雖聞佛音聲　言我等作佛
心尚懷憂懼　如未敢便食　若蒙佛授記　尒乃快安樂
大雄猛世尊　常欲安世間　願賜我等記　如飢須教食
尒時世尊知諸大弟子心之所念　告諸比丘
是須菩提於當來世奉覲三百万億那由他
佛供養恭敬尊重讚嘆　常脩梵行具菩薩道
於最後身得成為佛　号曰名相如来應供正
遍知明行足善逝世間解无上士調御丈夫
天人師佛世尊　劫名有寶　國名寶生　其土平
正頗梨為地　寶樹莊嚴　无諸丘坑沙礫荊棘
便利之穢　寶華覆地　周遍清淨　其土人民皆
處寶臺珎妙樓閣　聲聞弟子无量无邊　筭數
譬喻所不能知　諸菩薩衆无數千万億那由

脫无量菩薩及聲聞衆尒時世尊欲重宣此
義而說偈言
諸比丘衆　今告汝等　皆當一心　聽我所說
我大弟子　須菩提者　當得作佛　号曰名相
當供无數　万億諸佛　隨佛所行　漸具大道
冣後身得　三十二相　端正殊妙　猶如寶山
其佛國土　嚴淨第一　衆生見者　无不愛樂
佛於其中　度无量衆　其佛法中　多諸菩薩
皆悉利根　轉不退輪　彼國常以　菩薩莊嚴
諸聲聞衆　不可稱數　皆得三明　具六神通
住八解脫　有大威德　其佛說法　現於无量
神通變化　不可思議　諸天人民　數如恒沙
皆共合掌　聽受佛語　其佛當壽　十二小劫

皆共合掌聽受佛語其佛當壽十二小劫
正法住世二十小劫像法亦住二十小劫
尒時世尊復告諸比丘衆我今語汝是大迦
旃延於當來世以諸供具供養奉事八千億
佛恭敬尊重諸佛滅後各起塔廟高千由旬
縱廣正等五百由旬皆以金銀琉璃車璩馬
瑙真珠玫瑰七寶合成衆華瓔珞塗香末香
燒香繒蓋幢幡供養塔廟過是已後當復供
養二万億佛亦復如是供養是諸佛已具菩
薩道當得作佛号曰閻浮那提金光如來應
供正遍知明行足善逝世間解无上士調御
丈夫天人師佛世尊其土平正頗梨爲地寶
樹莊嚴黃金爲繩以界道側妙華覆地周遍

万億莊嚴其國佛壽十二小劫正法住世二
十小劫像法亦住二十小劫尒時世尊欲重
宣此義而說偈言

諸比丘衆 皆一心聽 如我所說 真實无異
是迦旃延 當以種種 妙好供具 供養諸佛
諸佛滅後 起七寶塔 亦以華香 供養舍利
其㝡後身 得佛智慧 成等正覺 國土清淨
度脫无量 万億衆生 皆為十方 之所供養
佛之光明 无能勝者 其佛號曰 閻浮金光
菩薩聲聞 斷一切有 无量无數 莊嚴其國

尒時世尊復告大衆我今語汝是大目揵連
當以種種供具供養八千諸佛恭敬尊重諸
佛滅後各起塔廟高千由旬縱廣正等五百

當以種種供具供養八千諸佛恭敬尊重諸
佛滅後各起塔廟高千由旬縱廣正等五百
由旬以金銀琉璃車磲馬瑙真珠玫瑰七寶
合成衆華瓔珞塗香末香燒香繒蓋幢幡以
用供養過是已後當復供養二百万億諸佛
亦復如是當得成佛号曰多摩羅跋栴檀香
如來應供正遍知明行足善逝世間解无上
士調御丈夫天人師佛世尊劫名喜滿國名
意樂其土平正頗梨為地寶樹莊嚴散真珠
華周遍清淨見者歡喜多諸天人菩薩聲聞
其數无量佛壽二十四小劫正法住世四十
小劫像法亦住四十小劫尒時世尊欲重宣
此義而說偈言
我此弟子　大目揵連　捨是身已　得見八千

諸佛滅後 起七寶塔 長表金刹 華香伎樂
而以供養 諸佛塔廟 漸漸具足 菩薩道已
於意樂國 而得作佛 號多摩羅 旃檀之香
其佛壽命 二十四劫 常為天人 演說佛道
聲聞无量 如恒河沙 三明六通 有大威德
菩薩无數 志固精進 於佛智慧 皆不退轉
佛滅度後 正法當住 四十小劫 像法亦尒
我諸弟子 威德具足 其數五百 皆當授記
於未來世 咸得成佛 我及汝等 宿世因緣
吾今當說 汝等善聽

妙法蓮華經化城喻品第七

佛告諸比丘乃往過去无量无邊不可思議
阿僧祇劫尒時有佛名大通智勝如來應供

阿僧祇劫尒時有佛名大通智勝如来應供
正遍知明行足善逝世間解无上士調御丈
夫天人師佛世尊其國名好成劫名大相諸
比丘彼佛滅度已来甚大久遠譬如三千大

BD00229 思益梵天所問經（异本）卷二

（後秦）鳩摩羅什 譯

BD00229v-1 大般若波羅蜜多經外題

BD00229v-2 雜寫

BD00229v-3 勘記

BD00229v-4 金剛般若波羅蜜經

（後秦）鳩摩羅什 譯

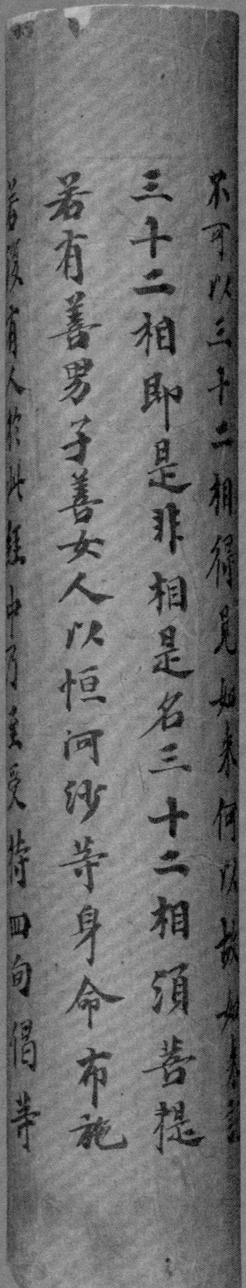

937.3cm × 26cm

佛告……何能讚是人功德如如來以佛无
量智慧之所智乎是人所有功德復過於此
若人能於如來所說文字語言章句通達隨
順不違不逆和合爲一隨其義理不隨章句
言辭而善知言辭所應之相知如來以何言
語說法以何隨宜說法以何方便說法以何
法門說法以何大悲說法梵天若菩薩能知
如來以是五力說法是菩薩能作佛事梵天
言何謂如來所用五力佛言一者說二者隨
宜三者方便四者法門五者大悲是名如來

来現在法說垢淨法說世間出世間法說有
罪无罪法說有漏无漏有為无為法說我人
衆生壽命法說得證法說生死涅槃法
梵天當知是諸言說如幻人說无決定故如
影衆緣和合故說如鏡中像因不入鏡故說
如野馬顛倒見故說如虛空无生滅故當知
是諸言說為无所說諸法相不可說故梵天
若菩薩能知此諸言說者是雖有一切言說
而於諸法无所貪著以不貪著故得无㝵辯才
以是辯才若恒河沙劫說法无盡无㝵諸有
言說不壞法性亦復不著不壞法性梵天是
名如來說耶
梵天言世尊何謂如來隨宜所說佛言如来

名如来説耶
梵天言世尊何謂如来隨宜所説佛言如来
或垢法説淨不得垢法性故何謂淨法説垢
貪着淨法故又梵天我説布施即亦涅槃凡
夫无智不能善知隨宜所説菩薩應如是思
惟布施後得大富此中无法可從一念至一
念若不從一念至念即是諸法實相諸法
實相即是涅槃持戒是涅槃不作不起故忍
辱是涅槃念念滅故精進是涅槃无所取故
禪定是涅槃不貪味故智慧是涅槃不得
相故貪欲是實際法性離欲相故瞋恚是實
際際法性无瞋相故愚癡是實際法性无癡

增上慢人故又梵天如來以隨宜故或自說我
是說常邊者或自說我是說斷邊者或自
說我是說无作者或自說我是耶見者或自
說我是不信者或自說我是不知恩者或自
說我是食吐者或自說我是不受者　如來无
有如此諸事當知是為隨宜所說欲令衆
生捨增上慢故若菩薩通達如來隨宜所說
者若聞佛出則便信受亦衆生善業色身果
報故若聞佛不出亦信受諸佛法性身故若
聞佛說法亦信受為善樂文字衆生故若聞佛
不說法亦信受諸法性不可說故若聞有
涅槃亦信受滅顛倒所起煩惱故若聞无涅
槃亦信受諸法无生相无滅相故若聞有衆

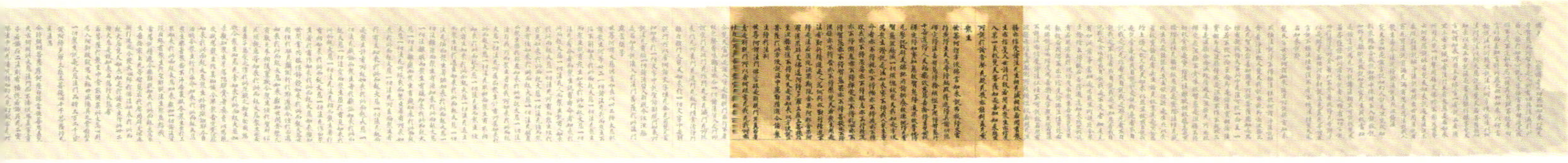

槃亦信受諸法无生相无滅相故若聞有衆
生亦信受入世諦門故若聞无衆生亦信受
入第一義故梵天菩薩如是善知如来隨宜
所說於諸音聲无疑无畏亦能利益无量
衆生
世尊何謂方便佛言如来說布施得大富
持戒得生天忍辱得端政精進得具諸功德
禪定得法喜智慧得捨煩惱多聞得智慧行
十善道得人天福樂故慈悲喜捨得生梵世故
禪定得如實知慧故智慧得道果故學地得
无學地故辟支佛地消諸供養故佛地得无量
智慧涅槃滅一切煩惱故梵天我如是方便

毀戒亦不得忍辱亦不得瞋恚亦不得精進
亦不得懈怠亦不得禪定亦不得乱心亦不
得智慧亦不得智慧果亦不得菩提亦不得
涅槃亦不得苦亦不得樂梵天若衆生聞是
法者勤行精進是人為何利故勤行精進不
得是法若須陁洹果斯陁含果阿那含果阿
羅漢果辟支佛道阿耨多羅三藐三菩提乃
至涅槃亦復不得梵天是名如來以方便說法
菩薩於此方便說法中應勤精進令諸衆
生得於法利
世尊何謂法門佛言眼是解脫門耳鼻舌身
意是解脫門所以者何眼空无我无我所亦
性自尒耳鼻舌身意空无我无我所亦性自

性自尒耳鼻舌身意空无我无我所亦性自
尒梵天當知是諸入皆是解脫門正行不虛
故色聲香味觸法亦尒一切諸法皆入是門所
謂空門无相門无作門无生无滅門无所從
来門无所去門无退門无起門性常清淨門
離自體門又梵天如来於一切文字中是解
脫門所以者何諸文字性无合无用梵天當
知如来於一切文字中說聖諦解脫門如来所
說法无有垢一切諸法皆入解脫令住涅槃
是名如来說法入於法門菩薩於此法門
應當脩學
世尊何謂大悲佛言如来以卅二種大悲救

而衆生說有衆生如来於此而起大悲一切
法无壽命者而衆生說有壽命者如来於
此而起大悲一切法无人而衆生說有人如来
於此而起大悲一切法无所有而衆生住於
有見如来於此而起大悲一切法无住而衆
生有住如来於此而起大悲一切法无歸處
而衆生樂於歸處如来於此而起大悲一切法
法非我所而衆生著於我所如来於此而起
大悲一切法无所屬而衆生計有所屬如来於
此而起大悲一切法无取相而衆生有取相
如来於此而起大悲一切法无生而衆生住
於有生如来於此而起大悲一切法无退生
而衆生住於退生如来於此而起大悲一切

而衆生住於退生如來於此而起大悲一切
法无垢而衆生着垢如來於此而起大悲一
切法離染而衆生有染如來於此而起大悲
一切法離瞋而衆生有瞋如來於此而起大
悲一切法離癡而衆生有癡如來於此而起
大悲一切法无所從來而衆生着有所來如
來於此而起大悲一切法无所去而衆生着
於有去如來於此而起大悲一切法无起而
是衆生計有所起如來於此而起大悲一
切法无戲論而衆生着於戲論如來於此而
起大悲一切法空而衆生墮於有見如來於
此而起大悲一切法无法无相而衆生着於

世間常共瞋恨諍競如來於此而起大悲世
間住於邪見顛倒行於邪道欲令住於正道
如來於此而起大悲如來觀知世間貪餮无
有猒足手相陵奪欲令衆生住於聖財信
戒聞施惠等如來於此而起大悲衆生是産
業妻子恩愛之僕於此危脆之物生堅固想
欲令衆生知悉无常如來於此而起大悲如
來觀知衆生身爲怨賊貪著養育以爲親
友欲爲衆生作真知識令畢衆苦究竟涅槃
如來於此而起大悲衆生好行欺誑邪命自
活欲令衆生行於正命如來於此而起大悲
衆生樂著衆苦不淨居家欲令衆生出於三
界如來於此而起大悲如來觀知一切諸法皆

界如來於此而起大悲如來觀知一切諸法皆
從因緣有衆生於聖解脫法生懈怠想我
當為說精進令樂解脫如來於此而起大悲衆
生棄捨㝡上无㝵智慧求於聲聞辟支佛道
欲引道之令發大心緣於佛法如來於此而
起大悲梵天如來如是於諸衆生行此卅二
種大悲是故如來名為行大悲者
若菩薩於衆生中常能脩集此大悲心則
為入阿鞞跋致為大福田威德具足常能利益
一切衆生說是大悲法門品時三万二千人皆
發阿耨多羅三藐三菩提心十千菩薩得无
生法忍

子若識在二法則有憒恍若識在无二實
際法中則无憒恍辟如幻人見幻戲事无所
憒恍菩薩知諸法如是則於如來若說法若
神通亦无憒恍又善男子如佛所化人聞佛說
法不憒不恍菩薩知諸法與化无異於如來
所不加憒恍於餘衆生无下劣想綱明言梵
天汝令見諸法如幻相也梵天言若人分別
諸法者汝當問之綱明言汝今於何處行梵
天言一切凡夫行處吾於彼行綱明言凡夫
人行貪欲瞋恚愚癡身見疑網我我所等行
耶道汝於是處行耶梵天言善男子汝欲得
凡夫法決定相耶
綱明言我尚不欲決定得凡夫何況凡夫法

網明言我尚不欲決定得凡夫何況凡夫法
善男子若是法无決定者寧有貪瞋恚愚
癡法耶網明言无也善男子一切法離貪恚
癡相行想亦如是善男子凡夫行賢聖行皆
无二无差別善男子一切行非行一切說非說一
切道非道網明言何謂一切行非行梵天言
善男子若人千万億劫行道於法性不增不
減是故言一切行非行何謂一切說非說梵
天言善男子如來以不可說相說一切法是
故言一切說非說何謂一切道非道梵天言以
无所至故一切道非道
尒時世尊讚思益梵天言善哉善哉說諸

所生處應有行相綱明言汝若不生云何教化
衆生梵天言佛所化生吾如彼生綱明言佛
所化生則无有生處梵天言寧可見不綱明
言以佛力故見梵天言我生亦如是以業力故
綱明言汝於起業中行耶梵天言我不於起
業中行綱明言云何言以業力故梵天言如
業性力亦如是是二不出於如
尒時舍利弗白佛言世尊若有能入是菩薩
隨宜所說法中者得大功德所以者何世尊
乃至聞是上人名字尚得大利何況聞其所
說譬如有樹不依於地在虛空中而現根莖
枝葉華菓甚爲希有此人行相亦復如是不
住一切法而於十方現有行有生死亦有如是

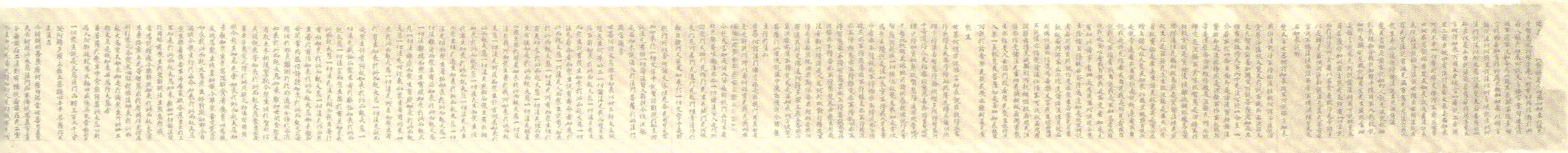

住一切法而於十方現有行有生死亦有如是
智慧辯才世尊若有善男子善女人聞是
智慧自在力者其誰不發阿耨多羅三藐
三菩提心尒時有一菩薩名曰普華在會中坐
謂長老舍利弗仁者已得法性佛亦稱汝於
智慧人中為最第一何以不現如是智慧辯
才自在力耶舍利弗言普華佛諸弟子隨其
智力能有所說普華言舍利弗法性有多少
耶舍利弗言无也普華言汝何以言佛諸弟
子隨其智力能有所說舍利弗言隨所得法
而有所說普華言汝證法性无量相耶舍利
弗言然普華言汝云何言隨所得法而有所
說如法性无量相得亦如是如得說亦如是

普華言若法性非行相若出一切性行解

脫耶舍利弗言不也普華言何故尒也

舍利弗言若出法性得解脫者則壞法性普

華言是故舍利弗如仁者得道法性亦尒舍

利弗言我為聽來非為說也普華言一切法

皆入法性此中寧有說有聽者不舍利弗言

不也普華言若然者汝何故言我為聽來非

為說也舍利弗言佛說二人得福无量一者

專精說法二者一心聽受是故汝今應說我

當聽受普華言汝入滅盡定能聽法耶舍利

弗言入滅盡定无有二行而聽法也普華言

汝信佛說一切法是滅盡相不舍利弗言然

一切皆滅盡相我信是說普華言若然者舍

利弗常不能聽法所以者何一切法常滅盡

一切皆滅盡相我信是説普華言若然者舍
利弗常不能聽法所以者何一切法常滅盡
相舍利弗言汝能不起于定而説法也普華
言頗有一法非是定也舍利弗言无也普華
言是故當知一切凡夫常在於定舍利弗言
以何定故一切凡夫常在定耶普華言以不
壞法性三昧故舍利弗言若然者凡夫聖人
无有差别普華言如是如是我不欲令凡夫聖
人有差别也所以者何聖人无所斷凡夫无所生
是二不出法性平等之相也
舍利弗言何等是諸法平等相普華言如舍
利弗所得知見舍利弗汝生賢聖法也答言
不也汝滅凡夫法耶答言不也汝得賢聖法

是漏盡解脫如漏盡解脫如即是無餘涅槃
如舍利弗是如名不異如不壞如應以是如
知一切法尒時舍利弗白佛言世尊譬如大
火一切諸炎皆是燒相如是諸善男子所說
法皆入法性佛告舍利弗如汝所說是諸善
男子所說法皆入法性尒時網明菩薩謂舍
利弗佛說仁者於智慧人中為最第一以何
智慧得第一耶舍利弗言所謂聲聞因聲得
解以是智慧說我於中為第一耳非謂菩薩
網明言智慧是戲論相也荅言不也網明言是
智慧非平等相耶荅言是也
網明言今仁者得平等智慧云何說智慧有
量荅言善男子以法性相故智慧無量道入

網明言今仁者得平等智慧云何說智慧有
量荅言善男子以法性相故智慧无量隨入
法性多少故智慧有量網明言无量法終不
作有量仁者何故說智慧有量即時舍利弗
嘿然不荅尒時長老大迦葉承佛聖旨白佛
言世尊是網明菩薩以何因緣号網明乎佛
告網明善男子現汝福報光明因緣令諸天
人一切世間皆得歡喜其有福德因緣者當發
菩提心於是網明即受佛教偏袒右肩從右
手赤白莊嚴指間放大光明普照十方无
量无邊阿僧祇佛國皆悉通達其中地獄畜
生餓鬼盲聾瘖瘂手足拘躄老病苦痛貪欲瞋
恚愚癡裸形醜陋貧窮飢渴囹圄繫閉困厄垂

皆得快樂无有衆生爲貪欲瞋恚愚癡憍
慢憂愁懷恨等之所惱也
其在佛前大會之衆菩薩摩訶薩天龍夜叉
乾闥婆等及比丘比丘尼優婆塞優婆夷衆
是諸衆生同一金色與佛无異有三十二相
八十隨形好无見頂者皆坐寶蓮華座寶交
露蓋羅覆其上等无差別諸會衆生皆得
快樂辟如菩薩入發喜莊嚴三昧時諸大衆
得未曾有各各相見如佛无異不見佛身爲
大己身爲小又以光明力故尋時下方有四菩
薩從地踊出合掌而立欲共礼佛作是念言
者真佛我欲礼敬即聞空中聲曰是網明
菩薩光明之力一切大衆同一金色與佛无

BD00229　思益梵天所問經（异本）卷二

者真佛我欲礼敬即聞空中聲曰是網明
菩薩光明之力一切大衆同一金色與佛无
異時四菩薩發又希有心作是言今此衆會
其色无異一切諸法亦復如是
若我此言誠實无虚世尊釋迦牟尼當現異
相令我今得供養礼事即時佛以蓮華寶師
子坐上昇虚空高一多羅樹於是四菩薩頭
面礼佛足作如是言如來知智慧不可思議網
明菩薩福德本願亦不可思議能放如是无
量光明尒時佛告網明菩薩言善男子汝今
已作佛事令无量衆生住於佛道可攝光明
於是網明即受佛教還攝光明攝光明已此
諸大衆威儀色相還復如故見佛坐本師子

大迦葉言其國何名佛号何等四菩薩言國名現諸寶莊嚴佛号一寶蓋今現說法大迦葉言其佛國土去此幾何四菩薩言佛自知之大迦葉言汝等何故來此四菩薩言是網明菩薩光明照彼我等遇之即聞釋迦牟尼佛名号及網明菩薩是故我等今來見佛并網明上人

大迦葉白佛言世尊一寶蓋佛現諸寶莊嚴世界去此幾何佛言去此七十二恒河沙佛土大迦葉言世尊是四菩薩從彼發來幾時至此佛言如一念頃於彼不現忽然而去大迦葉言世尊此諸菩薩光明遠照神通速疾

迦葉言世尊此諸菩薩光明遠照神通速疾
甚為希有今網明菩薩光明遠照是四菩薩
發來速疾佛言迦葉如汝所說菩薩摩訶薩
所行不可思議一切聲聞辟支佛所不能及
尒時長老大迦葉謂網明菩薩言善男子汝
現光明照此大會皆作金色以何因緣網明
言長老大迦葉可問世尊當為汝說即時迦
葉以此白佛佛言迦葉是網明菩薩後成佛
時其會大衆同一金色咸共信樂一切智慧其
佛國土乃无聲聞辟支佛名唯有清淨諸菩
薩摩訶薩會
大迦葉白佛言世尊生彼菩薩當知如佛等无
有異佛言如汝所說生彼菩薩當知如佛於是會

時我等當生其國尒時長老大迦葉白佛
言世尊網明菩薩幾時當得阿耨多羅三藐
三菩提佛言迦葉汝自問網明幾時當得阿耨
多羅三藐三菩提於是迦葉即問網明菩薩言善
男子仁者幾時當得阿耨多羅三藐三菩提網明
言大迦葉若有問幻所化人汝幾時當得阿耨
多羅三藐三菩提是幻人當云何荅
大迦葉言善男子幻所化人无决定相當何
所荅網明言大迦葉一切諸法亦如幻所化
人无决定相誰可問言汝幾時當成阿耨多
羅三藐三菩提大迦葉言善男子幻所化人
離於自相无異无別无所志願汝亦如是耶若
如是者汝云何[illegible]

離於自相无異无別无所志願汝亦如是耶若
如是者汝云何能利益无量衆生網明言阿
耨多羅三藐三菩提即是一切衆生性一
切衆生性即是幻性幻性即是一切法性於
是法中我不見有利不見无利大迦葉言善
男子汝令不令衆生住菩提也網明言諸佛
菩提有住相也大迦葉言无也網明言是故
我不令衆生住於菩提亦不令住聲聞辟支
佛道大迦葉言善男子汝今欲趣何所網明
言我所趣如如趣大迦葉言如无所趣亦无
有轉網明言如如无趣无轉一切法住如相
故我无趣无轉大迦葉言若无趣无轉汝云
何教化衆生網明言迦葉若人發願即是不能

我尚不得生死何況於生死中而轉衆生
大迦葉言汝不令衆生得涅槃也網明言我
尚不見涅槃何況教化衆生令住涅槃大迦
葉言善男子若汝不得生死不見涅槃何故
令无量衆生行於菩提此豈不爲滅度衆生
也網明言若菩薩得生死分別涅槃因衆生
行菩提此則不應說爲菩薩大迦葉言善
男子汝今於何處行網明言我非生死中行非
涅槃中行亦不以衆生相行大迦葉如汝所
問汝何處行者如佛所化人行處吾如彼行
迦葉言如佛所化人无有行處網明言當知
一切衆生所行亦如是相大迦葉言佛所化

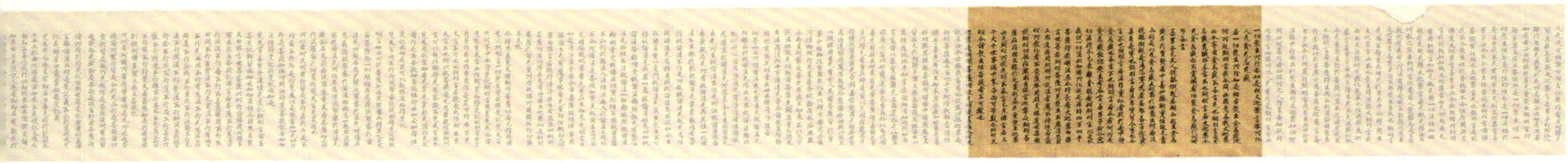

一切衆生所行亦如是相大迦葉言佛所化
人无貪无恚无癡
若一切衆生所行如是相者衆生貪恚癡從
何所起綱明言我今問汝隨意荅我大迦葉
汝今寧有貪恚癡不荅言无也綱明言是貪
恚癡盡滅耶荅言不也綱明言若大迦葉今
无貪恚癡亦不盡滅者汝置貪恚癡於何所
耶荅言
善男子凡夫人從顛倒起妄相分别生貪恚
癡耳於聖賢法中善知顛倒實性故无憶
分别是以无貪恚癡大迦葉於汝意云何若法
從顛倒起是法爲實爲虛妄耶荅言是法虛
妄非是實也綱明言若法非實可令實也荅

貪恚癡能惱衆生者答言善男子若尒者
切法從本已來離貪瞋癡相網明言以是故
我說一切法相如佛所化說是法時四万四千
菩薩得柔順法忍尒時長者大迦葉白佛
言世尊若網明菩薩所見衆生不應復畏墮
三惡道若聞網明所說法者魔不得便若爲網
明所教化者不畏墮聲聞辟支佛道世尊願
說網明功德莊嚴國土佛言迦葉是網明菩
薩在在國土遊行之處利益无量衆生迦葉
汝見網明所放光明不答言已見佛言若三
千大千世界滿中芥子尚可筭數今網明光
明令諸衆生住菩提者不可數也

明令諸衆生住菩提者不可數也
迦葉是網明菩薩所放光明饒益尚尒何況
說法汝今諦聽我當爲略說其功德迦葉是
網明菩薩過七百六十万阿僧祇劫當得作
佛号普光自在王如來應正遍知世界名曰集
妙功德其佛趣菩提樹時國中諸魔魔民悉
皆正定於阿耨多羅三藐三菩提其佛國土以
直檀爲地地平如掌柔濡細滑如迦陵伽衣
處處皆以衆寶莊嚴无三惡道亦无八難其
國廣長皆以妙寶蓮華色香具好以爲挍飾
普光自在王如來有无量菩薩僧善脩无量
法門得无量自在神通皆以光明莊嚴其身

心彼佛國土无有女人其諸菩薩皆於寶
華中結跏趺坐自然化生以禪定樂為食諸
所須物經行之處房舍牀榻園林浴池應
念即至迦葉是普光自在王如來不以文字
說法但放光明照諸菩薩光觸其身即得无
生法忍復照十方通達无㝵令諸衆生得離
煩惱有其光明常出卅二種清淨法音
何等卅二所謂諸法空无衆生見故諸法无
相離分別故諸法无作出三界故諸法離欲
性寂滅故諸法離瞋无有㝵故諸法離癡
无闇冥故諸法无所從來本无生故諸法无
去无所至故諸法不住无所依故諸法過三世
去來現在无所有故諸法无異其性一故諸

去來現在无所有故諸法无異其性一故諸
法不生離於報故諸法无業業報作者不可
得故諸法不作无所起故諸法无起无為性
故諸法无為離生滅故諸法真不從和合生
故諸法寶一道門故諸法无衆生衆生不可
得故諸法无我第一義故諸法鈇无所知故
諸法捨離憎愛故諸法離煩惱无有熱故諸
法无垢性不汙故諸法一相離欲際故諸法
離相常定故諸法住實際性不壞故諸法如相
不分別故諸法入法性法遍入故諸法无緣緣
不合故諸法是菩提如實見故諸法是涅槃
无因緣故迦葉普光自在王如來光明常出

葉白佛言若欲得清淨佛土者應取如網明
菩薩所脩功德具足清淨國土迦葉如是網明
菩薩於諸无量阿僧祇佛所隨願脩行功德
具足故
尒時思益梵天謂網明菩薩仁者已得從佛
受記網明言一切衆生皆從佛受記梵天言
於何事中而得受記網明言隨業受報而得
受記梵天言汝作何業而得受記網明言若業
非身作非口作非意作是業可得示不梵
天言不可示也網明言菩提是起作相也梵
天言不也何以故菩提是无爲非起作相網明
言可以起作相得无爲菩提不梵天言不也
梵天是故當知若无業无業報无諸行无起

梵天是故當知若无業无業報无諸行无起
諸行是名菩提如菩提性得亦如是如得性
受記亦如是不可以起作法而得受記
梵天言汝不行六波羅蜜然後而得受記耶網
明言如汝所說菩薩行六波羅蜜而得受記梵天
若菩薩捨一切煩惱名爲檀波羅蜜於諸
法无所起名爲尸羅波羅蜜於法无所傷名
爲羼提波羅蜜於諸法離相爲毗梨耶波羅
蜜於諸法无所住名爲禪波羅蜜於諸法无
戲論名爲般若波羅蜜梵天若菩薩如是行
六波羅蜜於何處行梵天言无處行也
所以者何凡所有行皆是不行若行即是不

法性得受記我受記亦如是
梵天言善男子法性无受記網明言諸菩
菩受記相皆亦如是如如法性尒時思益梵
天白佛言世尊菩薩以何行諸佛授阿耨多
羅三藐三菩提記佛言若菩薩不行生法不
行滅法不行善不行不善不行世間不行出
世間不行有罪法不行无罪法不行有漏法
不行无漏法不行有為法不行无為法不行
脩道不行除斷不行生死不行涅槃不行見
法不行聞法不行覺法不行知法不行施不
行捨不行戒不行覆不行忍不行善不行
藪不行精進不行禪不行三昧不行慧不行行
不行智不行得梵天若菩薩如是行者諸佛

不行智不行得梵天若菩薩如是行者諸佛
則授阿耨多羅三藐三菩提記
所以者何諸所有行皆有所是无所是是菩
提諸所有行皆是分别无分别是菩提諸所
有行皆是起作无起作是菩提諸所有行皆
是戲論无戲論是菩提是故當知若菩薩過
諸所行則得受記唯然世尊受記者有何義佛
言離諸法二相是受記義不分别生滅是受
記義離身口意業相是受記義
梵天我念過去有劫名日喜見我於此劫供養
七十二那由他佛是諸如來不見授記又過是
劫劫名善化我於此劫供養卅二億佛是諸

記又過是劫劫名无咎我於此劫供養三万
二千佛是諸如來亦不見授記又過是劫劫名
莊嚴我於此劫供養四百四十万佛我皆以一切
供養之具而供養之是諸如來亦不見授記
梵天我於往昔供養諸佛恭敬尊重讚歎
淨脩梵行一切布施一切持戒及行頭陁離於瞋
恚忍辱慈心如所說行懃脩精進一切所聞
皆能受持獨處遠離入諸禪定隨所聞慧
讀誦思惟是諸如來亦不見授記何以故我依
止所行故以是當知若諸菩薩出過一切諸
行則得受記我若以一劫若減一劫說是諸
佛名号不可得盡梵天我於是後見然燈
佛即得无生法忍佛時授我記言汝於來世當

佛即得无生法忍佛時授我記言汝於來世當
得作佛号釋迦牟尼如來應正遍知我於尒
時出過一切諸行具足六波羅蜜所以者何
若菩薩能捨諸相名為檀波羅蜜能滅諸
所受持名為尸波羅蜜不為六塵所傷名為
羼提波羅蜜離諸所行名為毗梨耶波羅蜜
不憶念一切法名為禪波羅蜜能忍諸法无
生性名為般若波羅蜜我於燃燈佛所具足
如是六波羅蜜梵天我從初發菩提心已來
所作布施於此五華布施百分不及一百千
万億分乃至筭數譬喻所不能及我從初發
心已來受戒持戒行頭陁於此常滅戒百分

乃至筭數譬喻所不能及我從初發心已來
發懃精進於不取不捨精進百分不及一乃至
筭數譬喻所不能及我從初發心已來禪定獨
處於此无住禪定百分不及一乃至筭數譬
喻所不能及我從初發心已來思惟籌量智
慧於无戲論智慧百分不及一百千万億分
乃至筭數譬喻所不能及
梵天是故當知我尒時具足六波羅蜜世尊
云何名具足六波羅蜜梵天若不念施不依
止戒不分別忍不取精進不住禪定不二於
慧是名具足六波羅蜜又問具足六波羅蜜
已能滿足何法佛言具足六波波羅蜜已能滿
足薩婆若梵天布施平等即是薩婆若平

已能滿足何法佛言具足六波波羅蜜已能滿
足薩婆若梵天布施平等即是薩婆若平
等持戒平等即是薩婆若平等忍辱平等即是
薩婆若平等精進平等即是薩婆若平等禪
定平等即是薩婆若平等智慧平等即是薩婆
若平等以是平等等一切法名爲薩婆若又
梵天具足布施相持戒相忍辱相精進相禪
定相智慧相是名薩婆若梵天如是具足
六波羅蜜能滿足薩婆若世尊云何當知滿
足薩婆若梵天若不受眼不受色不受耳不
受聲不受鼻不受香不受舌不受味不受身
不受觸不受意不受法若不受是內外二入名
爲滿足薩婆若我得如是滿足薩婆若於眼

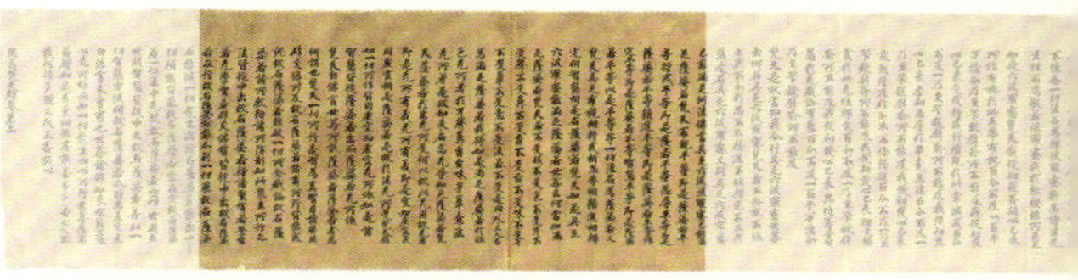

天薩婆若於法无所受何以故以无用故无用
即是无所有義无所有義即是空如虛空義
同虛空相是薩婆若是故於法无所受梵天譬
如一切所作皆因虛空而虛空无所依如是諸
智慧皆從薩婆若出而薩婆若无所依
梵天白佛言世尊所說薩婆若薩婆若者爲
何謂也梵天一切所行是智爲真智非諸聲聞
辟支佛所及故名薩婆若諸有所行皆能成
就故名薩婆若能破一切所念戲論故名薩
婆若諸所教勅諸所防制如此衆生所行之
法皆從中出故名薩婆若得諸聖智若學智
若无學智若辟支佛智皆從中出故名薩婆
若正行故名薩婆若能分別一切藥故名薩婆

若正行故名薩婆若能分別一切藥故名薩婆
若能滅一切衆生病故名薩婆若能除一
切煩惱習氣故名薩婆若常在定故名薩婆
若一切法中无疑故名薩婆若若一切世間出
世間智慧皆從中出故名薩婆若善知一
切智慧方便相故名薩婆若尒時思益梵天
白佛言未曾有也世尊諸佛如來智慧甚深
心无所緣而知一切衆生心心所行世尊薩婆
若得如是无量功德其誰善男子善女人不
發阿耨多羅三藐三菩提心

思益梵天經卷第二

BD00229v-1　大般若波羅蜜多經外題

BD00229v-2 雜寫

BD00229v-3　勘記

意云何可以三十二相見如來不不也世尊
不可以三十二相得見如來何以故如來說
三十二相即是非相是名三十二相須菩提
若有善男子善女人以恒河沙等身命布施
若復有人於此經中乃至受持四句偈等
為他人說其福甚多
尒時須菩提聞說是經深解義趣涕淚
白佛言希有世尊佛說如是

BD00229v-4　金剛般若波羅蜜經

BD00230

金光明最勝王經卷六

（唐）義淨 譯

278.7cm × 26cm

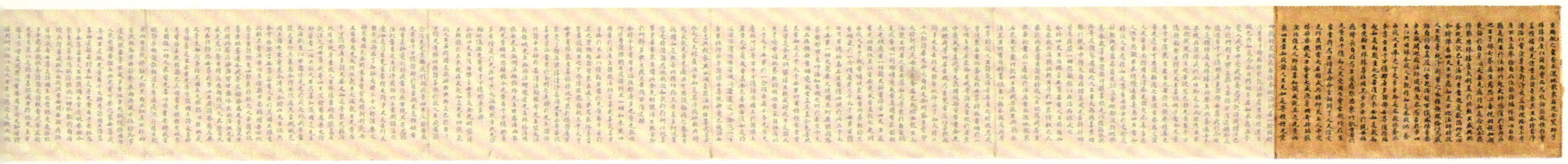

重顯敞之處香水灑地散衆名花安置師子
殊勝法座以諸珎寶而為挍飾張施種種寶
蓋幢幡燒无價香奏諸音樂其王尒時當淨
澡浴以香塗身著新淨衣及諸瓔珞坐小卑
座不生高舉捨自在位離諸憍慢端心正念
聽是經王於法師所起大師想復於宮內后
妃王子婇女眷屬生慈愍心喜悅相視和顏
更語於自身心大喜充遍作如是念我今獲
得難思殊勝廣大利益於此經王盛興供
養既敷設已見法師至當起虔敬渴仰之心
尒時佛告四天王不應如是不迎法師時彼
人王應著純淨鮮潔之衣種種瓔珞以為嚴

王以何因緣令彼人王親作如是恭敬供養
由彼人王舉足下足步步即是恭敬供養承
事尊重百千万億那庾多諸佛世尊復得超
越如是劫數生死之苦復於來世如是數劫
當受輪王殊勝尊位隨其步步亦於現世福
德增長自在爲王感應難思衆所欽重當於
无量百千億劫人天受用七寶宮殿所在生
處常得爲王增益壽命言詞辯了人天信受
无所畏懼有大名稱咸共瞻仰天上人中受
勝妙樂獲大力勢有大威德身相奇妙端嚴
無比值天人師遇善知識成就具足无量福
聚四王當知彼諸人王見如是等種種无量

善此住天人師遇善知識成就具足无量福
衆四王當知彼諸人王見如是等種種无量
功德利益故應自往奉迎法師若一踰繕那
乃至百千踰繕那於說法師應生佛想還至
城已作如是念今日釋迦牟尼如來應正等
覺入我宮中受我供養為我說法我聞法已
即於阿耨多羅三藐三菩提不復退轉即是
值遇百千万億那庾多諸佛世尊我於今日
即是種種廣大殊勝上妙樂具供養過去未
來現在諸佛我於今日即是永拔琰摩王界
地獄餓鬼傍生之苦便為已種无量百千万
億轉輪聖王釋梵天主善根種子當令无量
百千万億衆生出生死苦得涅槃樂積集无
[illegible]

人他方怨敵不來侵擾遠離憂患四王當知
時彼人王應作如是尊重正法亦於受持是
妙經典苾芻苾芻尼鄔波索迦鄔波斯迦供
養恭敬尊重讚歎所獲善根先以勝福施與
汝等及諸眷屬彼之人王有大福德善業因
緣於現世中得大自在增益威光吉祥妙相
皆悉莊嚴一切怨敵能以正法而摧伏之
尒時四天王白佛言世尊若有人王能作如
是恭敬正法聽此經王并於四衆持經之人
恭敬供養尊重讚歎時彼人王欲爲我等生
歡喜故當在一邊近於法座香水灑地散衆
名花安置處所設四王座我與彼王共聽正
法其王所有自利善根亦以福分施及我等

名花安置處所設四王座我与彼王共聽正
法其王所有自利善根亦以福分施及我等
世尊時彼人王請說法者昇座之時便為我
等燒眾名香供養是經世尊時彼香烟於一
念頃上昇虛空即至我等諸天宮殿於虛空
中變成香蓋我等天眾聞彼妙香香有金光
照曜我等所居宮殿乃至梵宮及以帝釋大
辯才天大吉祥天堅牢地神正了知大將二
十八部諸藥叉神大自在天金剛密主寶賢
大將訶利底母五百眷屬无熱惱池龍王大
海龍王所居之處世尊如是等眾於自宮殿
見彼香烟一剎那頃變成香蓋聞香芬馥覩

由彼人王手執香爐燒衆名香供養經時其
香烟氣於一念頃遍至三千大千世界百億
日月百億妙高山王百億四洲於此三千大
千世界一切天龍藥叉健闥婆阿蘇羅揭路
荼緊那羅莫呼洛伽宮殿之所於虛空中充
滿而住種種香烟變成雲蓋其蓋金色普照
天宮如是三千大千世界所有種種香雲香
蓋皆是金光明最勝王經威神之力是諸人
王手持香爐供養經時種種香氣非但遍此
三千大千世界於一念頃亦遍十方无量无
邊恒河沙等百千万億諸佛國土於諸佛土
虛空之中變成香蓋金色普照亦復如是時
彼諸佛聞此妙香覩斯雲蓋及以金色於十

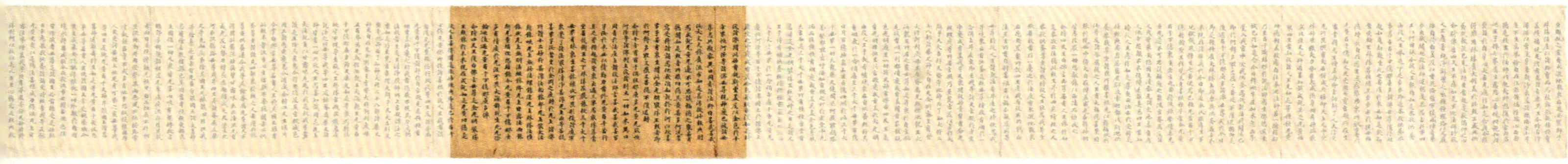

彼諸佛聞此妙香覩斯雲蓋及以金色於十
方界恒河沙等諸佛世尊現神變已彼諸世
尊悉共觀察異口同音讚法師曰善哉善哉
汝大丈夫能廣流布如是甚深微妙經典則
為成就无量无邊不可思議福德之聚若有
聽聞如是經者所獲功德其量甚多何況書
寫受持讀誦為他敷演如說修行何以故善
男子若有衆生聞此金光明最勝王經者即
於阿耨多羅三藐三菩提不復退轉
尒時十方有百千俱胝那庾多无量无數恒
河沙等諸佛剎土彼諸剎土一切如來異口
同音於法座上讚彼法師言善哉善哉善男

坐菩提樹王之下殊勝莊嚴能救三千大千
世界有緣衆生善能摧伏可畏形儀諸魔軍
衆覺了諸法最勝清淨甚深无上正等菩提
善男子汝當坐於金剛之座轉於无上諸佛
所讚十二妙行甚深法輪能擊无上最大法
鼓能吹无上極妙法螺能建无上殊勝法幢
能然无上極明法炬能降无上甘露法雨能
斷无量煩惱怨結能令无量百千万億那庾
多有情度於无涯可畏大海解脫生死无際
輪迴值遇无量百千万億那庾多佛
尒時四天王復白佛言世尊是金光明最勝
王經能於未來現在成就如是无量功德是

尒時四天王復白佛言世尊是金光明最勝
王經能於未來現在成就如是无量功德是
故人王若得聞是微妙經典即是已於百千
万億无量佛所種諸善根於彼人王我當護
念復見无量福德利故我等四王及餘眷屬
无量百千万億諸神於自宮殿見是種種香
烟雲蓋神變之時我當隱蔽不現其身為聽
法故當至是王清淨嚴飾所止宮殿講法之
處如是乃至梵宮帝釋大辯才天大吉祥天
堅牢地神正了知神大將二十八部諸藥叉
神大自在天金剛密主寶賢大將訶利底母
五百眷屬无熱惱池龍王大海龍王无量百
千万億那庾多諸天藥叉如是等衆為聽法

神皆當一心共彼人王為善知識因是无上
大法施主以甘露味充足於我是故我等當
護是王除其衰患令得安隱及其宮殿城邑
國土諸惡災變悉令消滅尒時四天王俱共
合掌白佛言世尊若有人王於其國土雖有
此經未嘗流布心生捨離不樂聽聞亦不供
養尊重讚歎見四部衆持經之人亦復不能
尊重供養遂令我等及餘眷屬无量諸天不
得聞此甚深妙法背甘露味失正法流无有
威光及以勢力增長惡趣損減人天墜生死
河乖涅槃路世尊我等四王并諸眷屬及藥
叉等見如斯事捨其國土无擁護心非但我
等捨棄是王亦有无量守護國土諸大善神

又等見如斯事捨其國土无擁護心非但我
等捨棄是王亦有无量守護國土諸大善神
悉皆捨去既捨離已其國當有種種災禍喪
失國位一切人衆皆无善心唯有繫縛殺害
瞋諍互相讒諂枉及无辜疾疫流行彗星數
出兩日並現愽蝕无恒黒白二虹表不祥相
星流地動井内發聲暴雨惡風不依時節常
遭飢饉苗實不成多有他方怨賊侵掠國内
人民受諸苦惱土地无有可樂之處世尊我
等四王及與无量百千天神并護國土諸舊
善神遠離去時生如是等无量百千災怪惡
事世尊若有人王欲護國土常受快樂欲令
衆生咸蒙安隱欲得摧伏一切外敵於自國

王亦應恭敬供養讀誦受持經者我等及餘
无量天衆以是聽法善根威力得服无上甘
露法味增益我等所有眷屬并餘天神皆得
勝利何以故以是人王至心聽受是經典故
世尊如大梵天於諸有情常爲宣說世出世
論帝釋復說種種諸論五通神仙亦說諸論世
尊梵天帝釋五通仙人雖有百千俱胝那庾
多无量諸論然佛世尊慈悲哀愍爲人天衆
說金光明微妙經典比前所說勝彼百千俱
胝那庾多倍不可爲喻何以故由此能令諸
贍部洲所有王等正法化世能与衆生安樂
之事爲護自身及諸眷屬令无苦惱又无他
方怨賊侵害所有諸惡悉皆遠去亦令國土

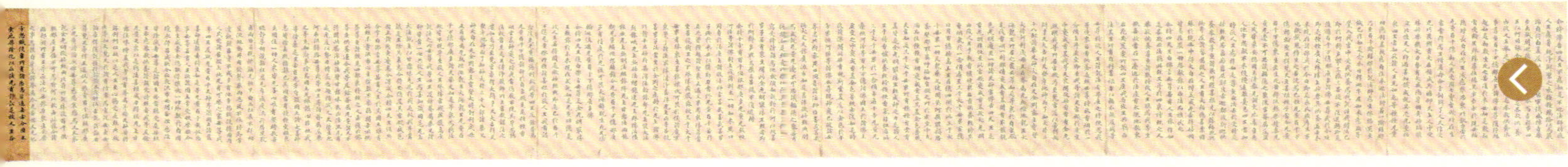

方怨賊侵害所有諸惡悉皆遠去亦令國土
灾厄屏除化以正法无有諍訟是故人王各
於國土當然法炬明照无邊增益天衆并諸
眷屬世尊我等四王无量天神藥叉之衆贍
部洲内所有天神以是因緣得服无上甘露

BD00231 佛名經（十六卷本）卷一二

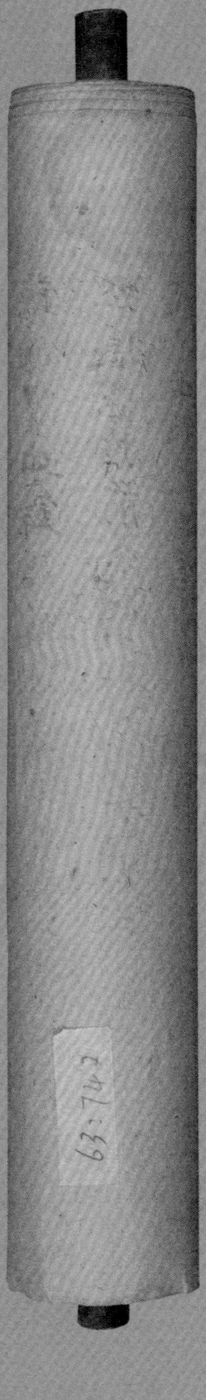

669.8cm × 25.8cm

悲為衆生故以誓願力處之无歇禮一拜
此經有六十品略此一品流行
佛言去何菩提樹華悉皆墮落其華光色不
如於常一切大衆皆生疑惑唯願天尊爲我
解説令此衆中諸生大士疑惑悉除尒時世尊
從三昧起光顔巍巍舉身毛孔皆悉出光
説寶達菩薩言汝等善聽今爲汝説所以
菩提樹華墮落失光者何如上所説沙門行惡
墮苦處受罪无殃是故菩提樹華失光墮落
寶達前白佛言唯願爲我説此惡行沙門果
報之處佛告寶達菩薩東方乃有鐵圍大山
其山中間幽冥之處日月光明及以火光所不

此處脩何等行受如是罪寶達白佛言
世尊我无威神何能往詣願佛大悲垂神願
念乃使我等得見東方向阜地獄佛言善哉
善哉汝今但往令汝得見寶達菩薩礼佛而去
龍飛虗空徘徊自在當尒之時大地震動於
虗空中雨寶蓮華飛流而下尒時寶達一念之
頃往詣東方鐵圍山間其山崦嵫幽冥高峻
其山四方了无草木日月威光都不能照寶
達頭前俟道兩邊有卅六王典主地獄其王
名曰恒伽喋王波吉頭王廣目都王安頭羅
王虎目見王陽聲吉王大諍訟王吸血鬼王
安得羅王隨達王多羅王吉梨善王安侯羅
王寶首王金樹吉王大惡聲王鳥王頭等

王寶首王金樹吉王大惡聲王烏王頭等
鬲眼王等為牙王等震聲王等歸首王衣首
王見首王廣安王廣空王王頭王立正王立見王
摩尼羅王都曹王部見王惡目王善王龍口
王鬼王南安王等卅六王遙見寶達菩薩皆
悲叉手合掌前行作礼白言大智尊王云
何因緣入此苦處亦如瞻檀在伊蘭而生寶
達答言我聞如來三界人尊說言東方有鐵
圍山其山幽冥日月之光所不能照我故聞
之故來詣汝諸王前入地獄行諸罪人汝等
諸王誰能共我往詣大王前見罪人受苦之
者尒時恒伽嚛王即便与寶達菩薩往詣大
王尒時大鬼王遙見寶達菩薩從門而來光

尒時寶達便前就以問鬼王曰今此東方地
獄可有幾獄鬼王荅言此山之中有无量地
獄今此一方有卌二沙門地獄寶達問曰卌
二地獄其名云何鬼王荅曰鐵車鐵馬鐵牛
鐵驢地獄鐵衣地獄銖洋銅灌口地獄流火
地獄鐵床地獄鏵田地獄斫首地獄燒脚地
獄鐵鉾地獄飲鐵銖地獄飛刀地獄火箭地
獄[illegible]肉地獄身燃地獄火丸仰口地獄諍論
地獄雨火地獄流火地獄糞屎地獄鉤膽地
獄火烏地獄咩聲咬叩地獄諸鐮鏟地獄肩
埋地獄燃手脚地獄銅狗鋸牙地獄剝皮飲
血地獄解身地獄鐵屋地獄鐵山地獄飛火
交叩分頭地獄

並地獄解身地獄鑊屋地獄鑊山地獄飛大
交叩分頭地獄
尒時鬼王荅寶達曰地獄受罪其名如是寶
達即便入地獄中上高樓頭四顧望覩見罪
人等各從四門唆吲而入寶達前入鐵車鐵
馬鐵牛鐵驢此四小獄并為一地獄云何名
曰鐵車鐵馬鐵牛鐵驢地獄此地獄方圓縱
廣十五由旬其中鐵城高一由旬猛火熚赫烟
然其車鐵作猋赫熾然中有鐵牛其身赤
然頭角毛尾皆如鋒鋌其中大然烟焱俱出
其鐵馬者身毛豕尾鋻如釣鋒毛尾火然烟
焱俱出其鐵驢者亦復如是其地獄中有鐵
鏃鑠鋻如鋒鋌鐵鏘遼乱遍布其地其鏘大

獄卒夜叉馬頭羅剎手捉三鈷鐵叉望背而
鑱匈前而出復有鐵索來繞其臂其索火
然燒罪人臂復有鐵枷枷罪人咽其枷八方鋻
而鋒鋸焰火猛熾來燒罪人頸尒時罪人宛
轉倒地而不肯前馬頭羅剎手捉鐵棒望頭
而打罪人身軀碎如微塵復有餓鬼來食其
肉復有餓狗來飲其血馬頭羅剎踰歐地言
活活罪人即活尒時鐵牛吼喚跑地其牛吼
喚來向罪人罪人迫迮宛轉於地馬頭羅剎
手捉鐵叉叉著車上罪人跳踉復墮牛上
牛毛仰刺從腹而入背上而出牛復跳踉復
墮馬上馬毛仰刺亦如鋒鋸馬尾鞘之身即
碎爛須臾還活尒時鐵馬舉脚連蹋身碎

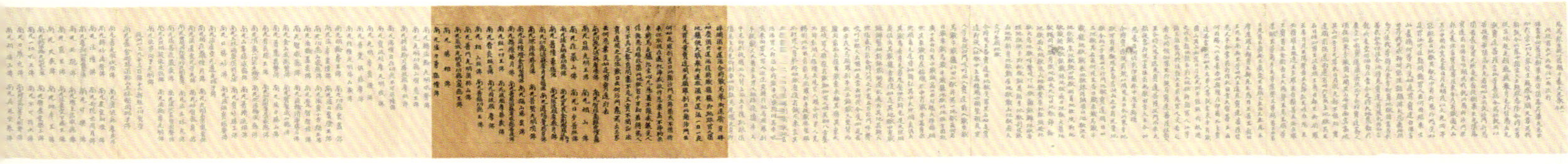

碎爛須臾還活尒時鐵馬舉脚連踰身碎
如塵須臾還活復騎鐵驢驢即跳踉罪人墮
地驢便大瞋舉脚連蹴須臾還活一日一夜
受罪无量寶達問馬頭羅刹曰此諸沙門云
何如是羅刹答曰此諸沙門受佛禁戒不惜将
来但取現在違犯淨戒故作惡業畜不淨物乘
車騎馬走驢治生心无慈善不譏威儀受人
信施惡因緣故墮此地獄百千万劫若得為人
身不具足聾盲閉塞不見三寶不聞正法
寶達聞之悲泣歎曰云何沙門應為出三界
云何惡業受如是罪寶達即去
南无功德光俱蘇摩燈佛　南无智炬商雞兜幢王佛

南无法王納勝功德佛　南无四无畏金剛那羅延堅佛
南无善幢勇猛佛　南无法波頭摩敷身佛
南无功德俱蘇摩身重擔佛　南无道場覺勝身佛
南无燃法炬勝月佛　南无善賢光明頂佛
南无法幢燈金剛堅幢佛　南无稱山勝雲佛
南无旃檀勝月佛　南无善勝俱蘇摩威德菩提佛
南无照一切王佛　南无波頭摩勝藏佛
南无香炎照王佛　南无因波頭摩佛
南无相山照佛　南无善稱功德王佛
南无善門光明須弥山佛
南无法城光明勝功德山威德王佛
南无勝相佛
南无法力勇猛幢佛

南无勝相佛
南无法力勇猛幢佛
南无轉法輪光明吼聲佛
南无光明功德山智慧王佛
南无轉法輪月勝波頭摩照佛
南无佛幢自在功德不可勝幢佛
南无寶波頭摩光明藏佛
南无光明峯雲燈佛
南无善覺俱蘇摩佛
南无種種光明勝山藏佛
南无明輪峯王佛
南无法峯雲幢佛
南无功德山盛德佛
南无功德雲盡佛
南无法日雲燈王佛
南无法雲十方稱王佛

南无[illegible]佛　南无法[illegible]佛
南无金山威德賢佛　南无賢聖威山德佛
南无普慧雲聲佛　南无法力勝山佛
南无香炎勝王佛　南无伽那迦摩尼山威德佛
南无頂藏一切法光輪佛　南无然法輪威德佛
南无山峯勝威德佛　南无普精進炬佛
南无三昧海廣頂稱光佛　南无寶妙勝王佛
南无日勝妙佛　南无法炬寶帳聲佛
南无法虛空无邊光師子佛
南无相莊嚴幢月佛　南无光明山雷電雲佛
南无法虛空无㝵光佛　南无妙智數身佛
南无世間日陁羅妙光明雲佛　南无法三昧光佛
南无法善莊嚴藏佛　南无法然炎堅固聲佛
南无三世相鏡像威德佛　南无法輪峯光明佛

南无法善莊嚴藏佛　南无法然炎堅固聲佛

南无三世相鏡像威德佛　南无法輪峯光明佛

南无法界師子光明佛

從此以上九千三百佛十二部經一切賢聖

南无盧舍那勝須弥山三昧堅固師子佛

南无善光明城燈佛　南无寶俱蘇摩藏佛

南无轉妙法聲佛　南无虚空劫燈佛

南无法幢佛　南无安隱世間月佛

南无摩訶伽羅那師子佛　南无可樂佛

南无安隱佛　南无增上信威德佛

南无醫王佛　南无法虚空下藤王佛

南无天藏佛　南无地峯王佛

南无轉法輪光明吼王佛　南无智虚空樂王佛

南无相勝王佛　南无具足堅聚佛
南无垢婆差佛　南无住持疾佛
南无遍相佛　南无无垢婆侯佛
南无師子步脩佛　南无天自在頂佛
南无法起稱佛　南无火无憂味佛
南无虚空燈佛　南无无垢幢佛
南无恒河沙同名賢行佛
南无恒河沙同名无邊命佛
南无恒河沙同名不動佛
南无恒河沙同名月智佛
南无恒河沙同名金剛幢佛
南无恒河沙同名日嚴佛
南无恒河沙同名善光佛

南无恒沙河同名善光佛
南无恒河沙同名金剛佛
南无五百同名大慈悲佛
南无普智炎功德幢王佛
南无善逝法幢勝佛
南无須弥佛　南无功德蹟佛
南无自在佛　南无寂王佛
南无量愛佛　南无夲稱功德佛
南无須弥山佛　南无日月面佛
南无如是等无量佛　南无虚空行佛
南无善照佛　南无旁城佛
南无勝光佛　南无雲勝佛

南无舜佛　南无如是等无量无邊佛
南无寶雞兜王佛　南无智意佛
南无思議佛　南无因陁羅勝佛
南无天智佛　南无雲王畏佛
南无智勝佛　南无光明王雞兜佛
南无勝舊迅威德去佛　南无法界波頭摩佛
南无行廣見佛　南无如是等无量无邊佛
南无寶炎山佛　南无勝光佛
南无寶功德佛　南无海勝佛
南无法光明佛　南无波頭摩佛
南无藏勝佛　南无世間眼佛
南无如是等无量无邊佛　南无香光佛
南无須弥勝佛　南无嶽王佛
南无勝摩尼佛

南无須弥勝佛　南无嶽王佛
南无深佛　南无勝摩尼佛
南无藏王佛　南无勝威德畏佛
南无無色去佛　南无如是等无量无邊佛
南无廣知佛　南无寶光明佛
南无虛空雲勝佛　南无妙相佛
從此以上九千四百佛十二部經一切賢聖
南无勝相佛　南无莊嚴佛
南无行輪佛　南无光勝佛
南无光明勝佛　南无如是等无量无邊佛
南无那羅延行佛　南无須弥勝佛
南无功德輪佛　南无勝王佛
南无不可降伏佛　南无山王樹佛

南无世間自在身佛　南无鏡像光明佛
南无地出佛　南无光明功德佛
南无金剛色佛　南无住持威德勝佛
南无如是等无量无邊佛
南无深法光身佛　南无法海吼聲佛
南无彌留幢勝光明意佛　南无寶光明勝佛
南无梵光佛　南无虛空聲佛
南无法界鏡像勝佛　南无輪光明佛
南无智光高雞兜意佛　南无伽伽那燈佛
南无樂勝照佛　南无功德光明勝佛
南无森勝佛　南无大悲速疾佛
南无地力光明意佛　南无一切脩面色佛
南无勝身光明佛　南无法勝宿佛

南无勝身光明佛　南无法勝宿佛
南无阿尼羅速行佛　南无清淨幢蓋勝佛
南无三世鏡像佛　南无顛海樂說勝佛
南无慚愧須弥山勝佛　南无念雞兜王勝佛
南无法意佛　南无慧燈佛
南无光雞兜勝佛　南无廣智佛
南无法界行智意佛　南无法海意智勝佛
南无法寶勝佛　南无功德輪佛
南无勝雲佛　南无忍辱燈佛
南无勝威德意佛　南无速光明睺摩他聲佛
南无寂幢佛　南无世間燈佛
南无大顛勝佛　南无不可降伏幢佛
[illegible]

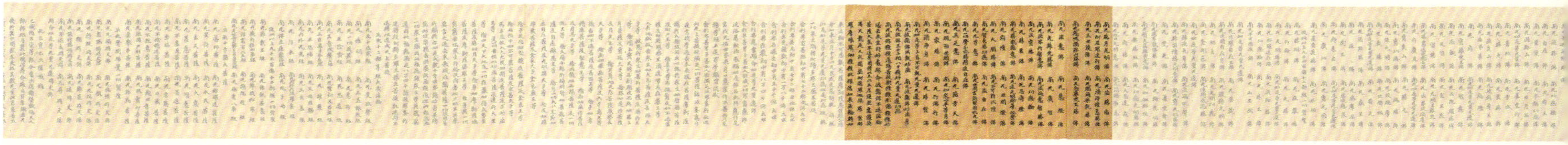

南无一切聲分吼勝精進自在佛
南无具足意佛　南无諸方天佛
南无現面世間佛　南无知衆心平等身佛
南无寂勝佛　南无行佛行佛
南无清淨身佛　南无勝賢佛
南无如是等上首不可說无量无邊佛
南无彼諸佛所說妙法　南无彼諸佛妙法身
南无彼佛三十二相八十種好无量无邊功德
南无彼佛種種道場菩提樹種種形像種種妙
塔去来坐卧妙處歸命彼諸佛不退法輪
菩薩大衆不退聲聞僧比丘比丘尼優婆塞優婆
夷天龍夜叉乾闥婆阿脩羅迦樓羅緊那
羅摩睺羅伽種種狀狠信如来法輪轉如

者天龍夜叉乾闥婆阿脩羅迦樓羅緊那
羅摩睺羅伽種種狀貌信如來法輪轉如
來法輪不可思議菩薩摩訶薩悉皆歸命歸
命如來法身十力四无畏戒定慧解脫解脫
知見如是等无量无邊功德如是功德迴施
一切衆生願得阿耨多羅三藐三菩提
舍利弗有善眼劫中有七十二那由他佛出世
舍利弗善見劫中有七十二那由他佛出世
舍利弗梵讚歎劫中有一万八千佛出世
舍利弗名過去劫中有三十千佛出世
舍利弗莊嚴劫中有八万四千佛出世
舍利弗應當歸命如是等无量邊佛
舍利弗善男子善女人欲滅一切罪當應淨
[illegible]

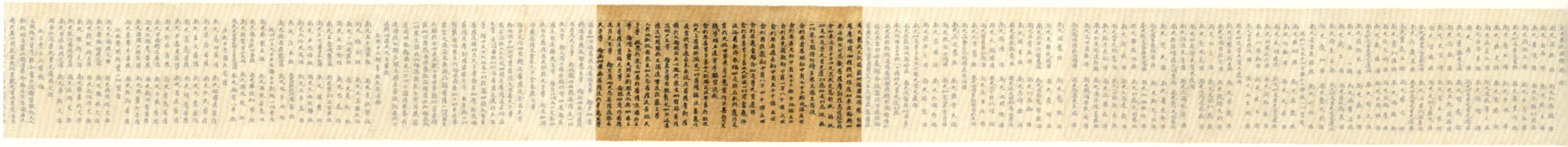

謗方等經五逆罪等願皆消滅
舍利弗善男子善女人欲滿足波羅蜜行欲迴
向无上菩提欲滿足一切菩薩諸波羅蜜應作
是言我學過去未來現在菩薩摩訶薩
脩行大捨披匈出心施於衆生如智勝菩薩
及迦尸王等　捨妻子等布施貧乏如不退菩
薩及阿翅羅那王須達拏及莊嚴王等
入於地獄救苦衆生如大悲菩薩及善眼天
子等　救惡行衆生如善行菩薩及勝行王
等　捨頂上寶天冠并剥頭皮而與如勝上
身菩薩及寶髻天子等　捨眼如愛作菩薩
及月光王等　捨耳鼻如无怨菩薩及勝去
天子等　捨齒如華齒菩薩及六牙象王等

及月光王等　捨耳鼻如无怨菩薩及勝去
天子等　捨齒如華齒菩薩及六牙爲王等
捨舌如不退菩薩及善面王等　捨手如常
精進菩薩及堅意王等　捨血如法作菩薩
及月思天子等　捨肉髓如安隱菩薩及一切
施王等　捨大腸小腸肝肺脾腎如善德菩
薩及自遠離惡王等　捨身一切大小支節如
法自在菩薩及光明勝天子等　捨皮如清
淨藏菩薩及金色天子金色鹿王等
捨手足指如堅精進菩薩及金色王等
捨肉指甲如不可盡菩薩及求善天子等
爲求法故入大火坑如精進菩薩及求妙法
王等　受一切苦惱如妙法菩薩及速行大王

菩薩不服以天衣等持與如摩訶薩[illegible]
菩薩及摩訶薩婆羅王等　自身與一切
貧窮苦惱衆生作給使侍者如尸毗王等舉
要言之過去未來現在諸菩薩一切波羅蜜
行願我亦如是成就十方世界諸妙香華瓔
諸妙伎樂隨喜供養佛法僧復迴此福德施
一切衆生願因此福德諸衆生等莫隨要
道因此福德滿足八万四千諸波羅蜜行
速得授阿耨多羅三藐三菩提記速得不
退轉地速成无上菩提
次礼十二部尊經大藏法輪
南无五十法式經　南无受欲聲經
南无惟明經　南无五蓋離疑經
南无一切義要經　南无慧行經

南无一切義要經　南无慧行經
南无五陰喻經　南无思道經
南无王舍城鷲山經　南无賢刧五百佛經
南无五百弟子本起經　南无權變經
南无五恐怖經　南无父母因緣經
南无内外无爲經　南无五失蓋經
南无浮木經　南无内外六波羅蜜經
南无佛立莊嚴淨經　南无鬼子母經
從此以上九千五百佛十二部經一切賢聖
南无難龍王經　南无佛説善意經
南无觀行移四事經　南无難提和羅經
南无佛有百比丘經　南无蒱陁越經
南无光世音大勢至力受决經　南无梅有八事經

南无星得菩薩　南无水天菩薩
南无主天菩薩　南无大意菩薩
南无益意菩薩　南无增意菩薩
南无不虚見菩薩　南无善進菩薩
南无勢勝菩薩　南无常慙菩薩
南无不捨精進菩薩　南无日藏菩薩
南无不歇意菩薩　南无觀世音菩薩
南无滿濡尸利菩薩　南无執寶印菩薩
南无常舉手菩薩　南无弥勒菩薩

次禮聲聞緣覺一切賢聖

南无无漏辟支佛　南无憍慢辟支佛
南无盡憍慢辟支佛　南无觀辟支佛
南无得脫辟支佛　南无无垢辟支佛

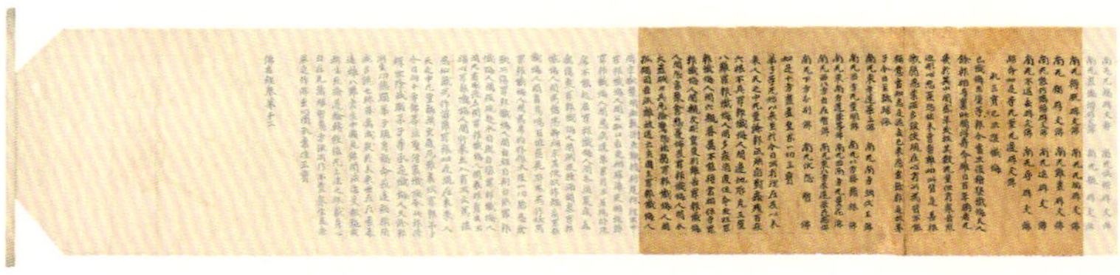

南无得脫辟支佛　南无无垢辟支佛
南无獨辟支佛　南无離盡辟支佛
南无能作憍慢辟支佛　南无退辟支佛
南无不退去辟支佛　南无尋辟支佛
歸命如是等无量无邊辟支佛
禮三寶已次復懺悔
已懺悔三塗等報今當次復稽顙懺悔天人
餘報相与稟此閻浮壽命雖日百年滿者无
幾於其中間盛年夭枉其數无量但有衆苦煎
迫形心愁憂恐怯未曾暫離如此皆是善根
微弱惡業滋多致使現在心有所爲皆不能
稱意當知悉是過去已來惡業餘報是故弟
子今日至誠歸依
南无東方[illegible]

南无東南方蓮華尊佛　南无西南方无量花佛
南无西北方自在智佛　南无東北方赤蓮華花德佛
南无下方分别佛　南无伏怨智佛
如是十方盡虛空界一切三寶
弟子等无始以来至於今日所有理在及以未
来人天之中无量餘報流殃宿對癃殘百疾
六根不具罪報懺悔人間邊地耶見三塗
八難罪報懺悔人間多疾消瘦促命夭枉罪
報懺悔人間六親眷屬不能得常相保守罪
報懺悔人間親友凋零愛别離苦罪報懺悔
人間怨家聚會愁憂怖畏罪報懺悔人間水
火盜賊刀兵危險驚恐怯弱罪報懺悔人間
孤獨困苦流離波迸亡失國土罪報懺悔人

孤獨困苦流離波迸亡失國土罪報懺悔人
閒牢獄繫閉幽執側立鞭撻栲楚抱理不申
罪報懺悔人間公私口舌更相羅染更相誣謗
罪報懺悔人間惡病連年累月不差枕卧床
席不能起居罪報懺悔人間冬溫夏疫毒
厲傷寒罪報懺悔人間賊風腫滿閉塞罪報
懺悔人間為諸惡神祠求其便欲作禍祟罪報
懺悔人間有鳥鳴百怪蜚屍邪鬼為作妖異
罪報懺悔人間為虎豹豺狼水陸一切諸惡禽
獸所傷罪報懺悔人間自經自刺自煞罪報
懺悔人間投坑赴水自沉自墮罪報懺悔人
間无有威德名聞罪報懺悔人間衣服資生不
稱心罪報懺悔人間行来出入有所云為值

所之中[illegible]
今日向十方佛尊法聖僧哀懺悔今此報障
釋然除滅願弟子等承是懺悔人天餘報
所生功德願弟子現身福命長遠禍横消
滅多饒七珎眷属成就於未来世在在處處
遠離八難常生中國見佛聞法信受教誨截
断生死險道輪轉種植无上法之根栽身心
自在无諸緣智慧方便所作不空衆生見者
畢定作佛至心頂礼常住三寶

佛名經巻第十二

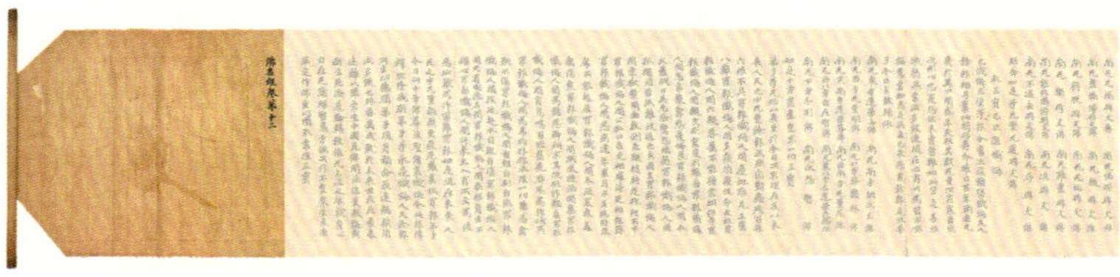

佛名經卷第十二

BD00231　佛名經（十六卷本）卷一二

BD00232A

金剛般若波羅蜜經

（後秦）鳩摩羅什 譯

110.8cm × 27cm

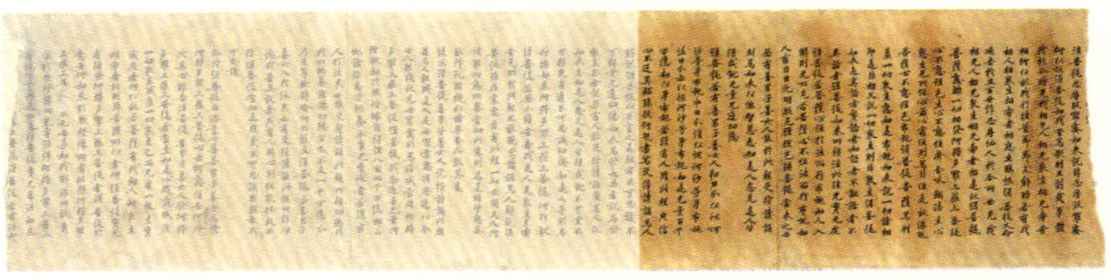

須菩提忍辱波羅蜜如來說非忍辱波羅蜜
何以故須菩提如我昔為歌利王割截身體
我於尒時无我相无人相无衆生相无壽者
相何以故我於往昔節節支解時若有我
相人相衆生相壽者相應生瞋恨須菩提又念
過去於五百世作忍辱仙人於尒所世无我
相无人相无衆生相无壽者相是故須菩提
菩薩應離一切相發阿耨多羅三藐三菩提
心不應住色生心不應住聲香味觸法生心
應生无所住心若心有住則為非住是故佛說
菩薩心不應住色布施須菩提菩薩為利
益一切衆生應如是布施如來說一切諸

即是非相又說一切衆生則非衆生須菩提
如來是真語者實語者如語者不誑語者不
異語者須菩提如來所得法此法无實无虛
須菩提若菩薩心住於法而行布施如人入
闇則无所見若菩薩心不住法而行布施如
人有目日光明照見種種色須菩提當來之世
若有善男子善女人能於此經受持讀誦
則為如來以佛智慧悉知是人悉見是人皆
得成就无量无邊功德
須菩提若有善男子善女人初日分以恒河
沙等身布施中日分復以恒河沙等身布施
後日分亦以恒河沙等身布施如是无量百千
万億劫以身布施若復有人聞此經典信
心不逆其福勝彼何況書寫受持讀誦為人

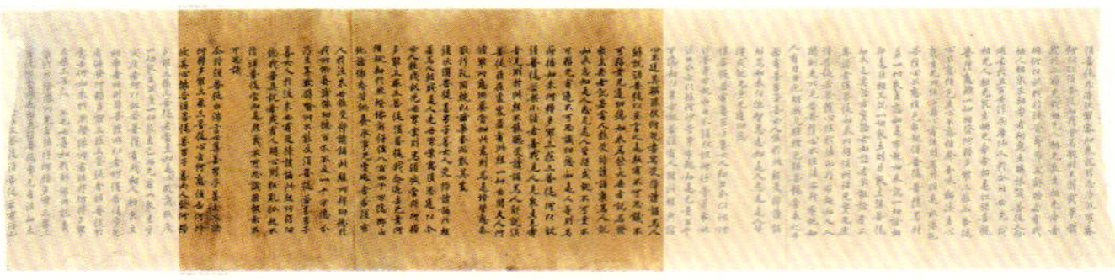

心不逆其福勝彼何况書寫受持讀誦為人
解說須菩提以要言之是経有不可思議不
可稱量无邊功德如來為發大乘者說為發
最上乘者說若有人能受持讀誦廣為人說
如來悉知是人悉見是人皆得成就不可量不
可稱无有邊不可思議功德如是人等則為
荷擔如來阿耨多羅三藐三菩提何以故
須菩提若樂小法者著我見人見衆生見壽
者見則於此経不能聽受讀誦為人解說須
菩提在在處處若有此経一切世間天人阿
脩羅所應供養當知此處則為是塔皆應恭
敬作礼圍繞以諸華香而散其處
復次須菩提善男子善女人受持讀誦此経

世人輕賤故先世罪業則為消滅當得阿耨
多羅三藐三菩提須菩提我念過去无量阿
僧祇劫於然燈佛前得值八百四千万億那由
他諸佛悉皆供養承事无空過者若復有
人於後末世能受持讀誦此經所得功德於
我所供養諸佛功德百分不及一千万億分
乃至筭數譬喻所不能及須菩提若善男子
善女人於後末世有受持讀誦此經所得功
德我若具說者或有人聞心則狂亂狐疑不
信須菩提當知是經義不可思議果報亦不
可思議
尒時須菩提白佛言世尊善男子善女人發
阿耨多羅三藐三菩提心云何應住云何降
伏其心佛告須菩提善男子善女人發阿耨

伏其心佛告須菩提善男子善女人發阿耨
多羅三藐三菩提者當生如是心我應滅度
一切衆生滅度一切衆生已而无有一衆生實
滅度者何以故若菩薩有我相人相衆生
相壽者相則非菩薩所以者何須菩提實无
有法發阿耨多羅三藐三菩提者須菩提於
意云何如來於然燈佛所有法得阿耨多羅
三藐三菩提不不也世尊如我解佛所說義
佛於然燈佛所无有法得阿耨多羅三藐三
菩提佛言如是如是須菩提實无有法如來
藐三菩提須菩提若有法如

BD00232B

妙法蓮華經卷四

（後秦）鳩摩羅什 譯

445.2cm × 25.3cm

幢幡衣服伎樂合掌恭敬是人一切世間所
應瞻奉應以如來供養而供養之當知此人
是大菩薩成就阿耨多羅三藐三菩提哀愍
衆生願生此間廣演分別妙法華經何况盡
能受持種種供養者藥王當知是人自捨清
淨業報於我滅度後愍衆生故生於惡世廣
演此經若是善男子善女人我滅度後能竊
爲一人説法華經乃至一句當知是人則如來
使如來所遣行如來事何况於大衆中廣
爲人説藥王若有惡人以不善心於一劫中
現於佛前常毀罵佛其罪尚輕若人以一惡
言毀呰在家出家讀誦法華經者其罪甚重
藥王其有讀誦法華經者當知是人以佛莊

嚴而自莊嚴則為如來肩所荷擔其所至方
應隨向礼一心合掌恭敬供養尊重讚歎華
香瓔珞末香塗香燒香繒蓋幢幡衣服餚饌
作諸伎樂人中上供而供養之應持天寶而
以散之天上寶聚應以奉獻所以者何是人
歡喜說法須臾聞之即得究竟阿耨多羅三
藐三菩提故尒時世尊欲重宣此義而偈說言
若欲住佛道　成就自然智　常當勤供養　受持法華者
其有欲疾得　一切種智慧　當受持是經　并供養持者
若有能受持　妙法華經者　當知佛所使　愍念諸衆生
諸有能受持　妙法華經者　捨於清淨土　愍衆故生此
當知如是人　自在所欲生　能於此惡世　廣說无上法
應以天華香　及天寶衣服　天上妙寶聚　供養說法者
吾滅後惡世　能持是經者　當合掌礼敬　如供養世尊

BD00232B　妙法蓮華經卷四

應以天華香　及天寶衣服　天上妙寶聚　供養說法者
吾滅後惡世　能持是經者　當合掌禮敬　如供養世尊
上饌衆甘美　及種種衣服　供養是佛子　冀得須臾聞
若能於後世　受持是經者　我遣在人中　行於如來事
若於一劫中　常懷不善心　作色而罵佛　獲无量重罪
其有讀誦持　是法華經者　須臾加惡言　其罪復過彼
有人求佛道　而於一劫中　合掌在我前　以无數偈讚
由是讚佛故　得无量功德　嘆美持經者　其福復過彼
於十八億劫　以最妙色聲　及與香味觸　供養持經者
如是供養已　若得須臾聞　則應自欣慶　我今獲大利
藥王今告汝　我所說諸經　而於此經中　法華最第一
尒時佛復告藥王菩薩摩訶薩我所說經典
无量千万億已說今說當說而於其中此法
華經最為難信難解藥王此經是諸佛秘

從昔已來未曾顯說而此經者如來現在猶
多怨嫉況滅度後藥王當知如來滅後其能
書持讀誦供養為他人說者如來則為以
衣覆之又為他方現在諸佛之所護念是人
有大信力及志願力諸善根力當知是人與
如來共宿則為如來手摩其頭藥王在在處
處若說若讀若誦若書若經卷所住處皆應
起七寶塔極令高廣嚴飾不須復安舍利所
以者何此中已有如來全身此塔應以一切華
香瓔珞繒蓋幢幡伎樂歌頌供養恭敬尊重
讚歎若有人得見此塔礼拜供養當知是等
皆近阿耨多羅三藐三菩提藥王多有人
在家出家行菩薩道若不能得見聞讀誦書

在家出家行菩薩道若不能得見聞讀誦書
持供養是法華經者當知是人未善行菩薩
道若有得聞是經典者乃能善行菩薩之道
其有衆生求佛道者若見若聞是法華經聞
已信解受持者當知是人得近阿耨多羅三
藐三菩提藥王譬如有人渴乏須水於彼高
原穿鑿求之猶見乾土知水尚遠施功不已
轉見濕土遂漸至泥其心決定知水必近菩
薩亦復如是若未聞未解未能修習是法華
經當知是人去阿耨多羅三藐三菩提尚遠
若得聞解思惟修習必得近阿耨多羅三
藐三菩提所以者何一切菩薩阿耨多羅三

相是法華經藏深固幽遠無人能到今佛教
化成就菩薩而為開示藥王若有菩薩聞是
法華經驚疑怖畏當知是為新發意菩薩
若聲聞人聞是驚疑怖畏當知是為增上慢
者藥王若有善男子善女人如來滅後欲為
四眾說是法華經者云何應說是善男子善
女人入如來室著如來衣坐如來座尒乃應
為四眾廣說斯經如來室者一切眾生中大
慈悲心是如來衣者柔和忍辱心是如來座
者一切法空是安住是中然後以不懈怠心
為諸菩薩及四眾廣說是法華經藥王我
於餘國遣化人為其集聽法眾亦遣化比丘比
丘尼優婆塞優婆夷聽其說法是諸化人聞
法信受隨順不逆若說法者在空閑處我時

BD00232B　妙法蓮華經卷四

丘尼優婆塞優婆夷聽其說法是諸化人聞
法信受隨順不逆若說法者在空閑處我時
廣遣天龍鬼神乾闥婆阿修羅等聽其說法
我雖在異國時時令說法者得見我身若於
此經忘失句逗我還為說令得具足爾時世
尊欲重宣此義而說偈言
欲捨諸懈怠　應當聽此經　是經難得聞　信受者亦難
如人渴須水　穿鑿於高原　猶見乾燥土　知去水尚遠
漸見濕土泥　決定知近水　藥王汝當知　如是諸人等
不聞法華經　去佛智甚遠　若聞是深經　決了聲聞法
是諸經之王　聞已諦思惟　當知此人等　近於佛智慧
若人說此經　應入如來室　著於如來衣　而坐如來座
處衆無所畏　廣為分別說　大慈悲為室　柔和忍辱衣
諸法空為座　處此為說法　若說此經時　[illegible]

加刀杖瓦石　念佛故應忍　我千萬億土　現淨堅固身
於无量億劫　為衆生說法　若我滅度後　能說此經者
我遣化四衆　比丘比丘尼　及清信士女　供養於法師
引導諸衆生　集之令聽法　若人欲加惡　刀杖及瓦石
則遣變化人　為之作衛護　若說法之人　獨在空閑處
寂寞无人聲　讀誦此經典　我尒時為現　清淨光明身
若忘失章句　為說令通利　若人具是德　或為四衆說
空處讀誦經　皆得見我身　若人在空閑　我遣天龍王
夜叉鬼神等　為作聽法衆　是人樂說法　分別无罣㝵
諸佛護念故　能令大衆喜　若親近法師　速得菩薩道
隨順是師學　得見恒沙佛
妙法蓮華經見寶塔品第十一
尒時佛前有七寶塔高五百由旬縱廣二百
五十由旬從地踊出住在空中種種寶物而

尒時佛前有七寶塔高五百由旬縱廣二百
五十由旬從地踊出住在空中種種寶物而
莊校之五千欄楯龕室千萬无數幢幡以爲
嚴飾垂寶瓔珞寶鈴萬億而懸其上四面皆
出多摩羅䟦旃檀之香充遍世界其諸幡蓋
以金銀瑠璃車𤦲馬瑙真珠玫瑰七寶合成高
至四天王宮三十三天雨天曼陁羅華供養
寶塔餘諸天龍夜叉乾闥婆阿脩羅迦樓
羅緊那羅摩睺羅伽人非人等千萬億衆以
一切華香瓔珞幡蓋伎樂供養寶塔恭敬尊
重讚嘆尒時寶塔中出大音聲嘆言善哉善
哉釋迦牟尼世尊能以平等大慧教菩薩法
佛所護念妙法華經爲大衆說如是如是釋
迦牟尼世尊如所說者皆是真實尒時四衆

見大寶塔住在空中又聞塔中所出音聲皆
得法喜恠未曾有從座而起恭敬合掌却
住一面尒時有菩薩摩訶薩名大樂說知一切
世間天人阿修羅等心之所疑而白佛言世尊
以何因緣有此寶塔從地踊出又於其中發
是音聲尒時佛告大樂說菩薩此寶塔中有
如來全身乃往過去東方无量千萬億阿
僧衹世界國名寶淨彼中有佛号曰多寶其
佛本行菩薩道時作大誓願若我成佛滅度
之後於十方國土有說法華經處我之塔廟
為聽是經故踊現其前為作證明讚言善哉
彼佛成道已臨滅度時於天人大衆中告諸
比丘我滅度後欲供養我全身者應起一大
塔其佛以神通願力十方世界在在處處

BD00232B　妙法蓮華經卷四

比丘我滅度後欲供養我全身者應起一大
塔其佛以神通願力十方世界在在處處
若有説法華經者彼之寶塔皆踊出其前全
身在於塔中讚言善哉善哉大樂説今多寶如
來塔聞説法華經故從地踊出讚言善哉善
哉是時大樂説菩薩以如來神力故白佛言
世尊我等願欲見此佛身佛告大樂説菩薩
摩訶薩是多寶佛有深重願若我寶塔爲聽
法華經故出於諸佛前時其有欲以我身示
四衆者彼佛分身諸佛在於十方世界説法
盡還集一處然後我身乃出現耳大樂説我分
身諸佛在於十方世界説法者今應當集大
樂説白佛言世尊我等亦願欲見世尊分
身諸佛禮拜供養爾時佛放白毫一光即見

東方五百萬億那由他恒河沙等國土諸佛
彼諸國土皆以頗梨為地寶樹寶衣以為莊
嚴无數千萬億菩薩充滿其中遍張寶幔
寶網羅上彼國諸佛以大妙音而說諸法及見
无量千万億菩薩遍滿諸國為衆說法南西北
方四維上下白毫相光所照之處亦復如是
尒時十方諸佛各告衆菩薩言善男子我
今應往娑婆世界釋迦牟尼佛所并供養多
寶如來寶塔時娑婆世界即變清淨瑠璃為
地寶樹莊嚴黃金為繩以界八道无諸聚落
村營城邑大海江河山川林藪燒大寶香曼
陁羅華遍布其地以寶網幔羅覆其上懸
諸寶鈴唯留此會衆移諸天人置於他土是時
諸佛各將一大菩薩以為侍者至娑婆世界各

諸寶鈴唯留此會衆移諸天人置於他土是時
諸佛各將一大菩薩以為侍者至娑婆世界各
到寶樹下一一寶樹高五百由旬枝葉華菓
次第莊嚴諸寶樹下皆有師子之座高五
由旬亦以大寶而校飾之尒時諸佛各於此
座結加趺坐如是展轉遍滿三千大千世界
而於釋迦牟尼佛一方所分之身猶故未盡
時釋迦牟尼佛欲容受所分身諸佛故八方各
更變二百万億那由他國皆令清淨无有地
獄餓鬼畜生及阿脩羅又移諸天人置於他
土所化之國亦以瑠璃為地寶樹莊嚴樹高
五百由旬枝葉華菓次第嚴飾樹下皆有
寶師子座高五由旬種種諸寶以為莊校亦
无大海江河及目真隣陁山摩訶目真隣陁

山鐵圍山大鐵圍山須弥山等諸山王通為一
佛國土寶地平正寶交露幔遍覆其上懸
諸幡蓋燒大寶香諸天寶華遍布其地釋迦
牟尼佛為諸佛當來坐故復於八方各變二
百万億那由他國皆令清淨无有地獄餓鬼
畜生及阿脩羅又移諸天人置於他方所化
之國亦以瑠璃為地寶樹嚴樹高五百由
旬枝葉華菓次第莊嚴樹下皆有寶師子座
高五由旬亦以大寶而校飾之亦无大海江河
及目真隣陁山摩訶目真隣陁山鐵圍山大
鐵圍山須弥山等諸山王通為一佛國土寶
地平正寶交露幔遍覆其上懸諸幡蓋燒
大寶香諸天寶華遍布其地尒時東方釋迦
牟尼所分之身百千万億那由他恒河沙等

牟尼所分之身百千万億那由他恒河沙等
國土中諸佛各各說法來集於此如是次第
十方諸佛皆悉來集坐於八方尒時一一方四
百万億那由他國土諸佛如來遍滿其中是
時諸佛各在寶樹下坐師子座皆遣侍者問
訊釋迦牟尼佛各賫寶華滿掬而告之言善
男子汝往詣耆闍崛山釋迦牟尼佛所如我
辭曰少病少惱氣力安樂及菩薩聲聞衆悉
安隱不以此寶華散佛供養而作是言彼某
甲佛與欲開此寶塔諸佛遣使亦復如是尒
時釋迦牟尼佛見所分身佛悉已來集各各
坐於師子之座皆聞諸佛與欲同開寶塔即
從座起住虛空中一切四衆起立合掌一心
觀佛於是釋迦牟尼佛以右指開七寶塔戶

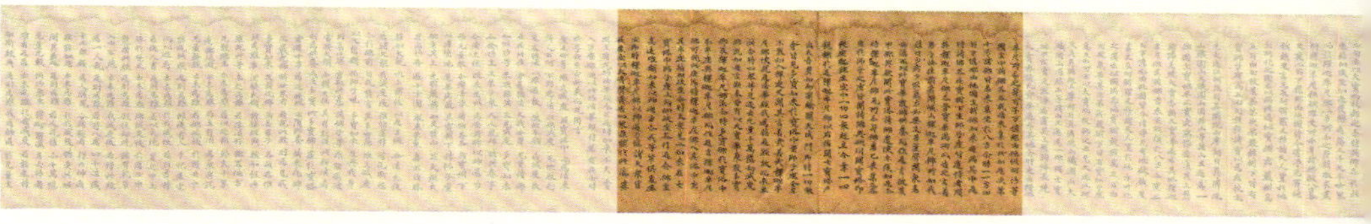

出大音聲如却關鑰開大城門即時一切衆
會皆見多寶如來於寶塔中坐師子座全身
不散如入禪定又聞其言善哉善哉釋迦牟
尼佛快說是法華經我為聽是經故而來至
此尒時四衆等見過去无量千萬億劫滅度
佛說如是言歎未曾有以天寶華聚散多寶
佛及釋迦牟尼佛上尒時多寶佛於寶塔中
分半座與釋迦牟尼佛而作是言釋迦牟尼
佛可就此座即時釋迦牟尼佛入其塔中坐
其半座結加趺坐尒時大衆見二如來在七
寶塔中師子座上結跏趺坐各作是念佛坐
高遠唯願如來以神通力令我等輩俱處虛
空即時釋迦牟尼佛以神通力接諸大衆皆
在虛空以大音聲普告四衆誰能於此娑婆

在虛空以大音聲普告四衆誰能於此娑婆
國土廣說妙法華經今正是時如來不久當
入涅槃佛欲以此妙法華經付屬有在尒時
世尊欲重宣此義而說偈言
聖主世尊　雖久滅度　在寶塔中　尚爲法來
諸人云何　不勤爲法　此佛滅度　无央數劫
處處聽法　以難遇故　彼佛本願　我滅度後
在在所往　常爲聽法　又我分身　无量諸佛
如恒沙等　來欲聽法　及見滅度　多寶如來
各捨妙土　及弟子衆　天人龍神　諸供養事
令法久住　故來至此　爲坐諸佛　以神通力
移无量衆　令國清淨　諸佛各各　詣寶樹下
如清涼池　蓮華莊嚴　其寶樹下　諸師子座
佛坐其上　光明嚴飾　如夜闇中　然大炬火

身出妙香 遍十方國 衆生蒙薰 喜不自勝
譬如大風 吹小樹枝 以是方便 令法久住
告諸大衆 我滅度後 誰能護持 讀說斯經
今於佛前 自說誓言 其多寶佛 雖久滅度
以大誓願 而師子吼 多寶如來 及與我身
所集化佛 當知此意 諸佛子等 誰能護法
當發大願 令得久住 其有能護 此經法者
則為供養 我及多寶 此多寶佛 處於寶塔
常遊十方 為是經故 亦復供養 諸來化佛
莊嚴光飾 諸世界者 若說此經 則為見我
多寶如來 及諸化佛 諸善男子 各諦思惟
此為難事 宜發大願 諸餘經典 數如恒沙
雖說此等 未足為難 若接須彌 擲置他方
無數佛土 亦未為難 若以足指 動大千界

難說此等　未足爲難　若接須彌　擲置他方
无數佛土　亦未爲難　若以足指　動大千界
遠擲他國　亦未爲難　若立有頂　爲衆演說
无量餘經　亦未爲難　若佛滅後　於惡世中
能說此經　是則爲難　假使有人　手把虛空
而以遊行　亦未爲難　於我滅後　若自書持
若使人書　是則爲難　若以大地　置足甲上
昇於梵天　亦未爲難　佛滅度後　於惡世中
蹔讀此經　是則爲難　假使劫燒　擔負乾草
入中不燒　亦未爲難　我滅度後　若持此經
爲一人說　是則爲難　若持八萬　四千法藏
十二部經　爲人演說　令諸聽者　得六神通
雖能如是　亦未爲難　於我滅後　聽受此經
問其義趣　是則爲難　若人說法　[illegible]

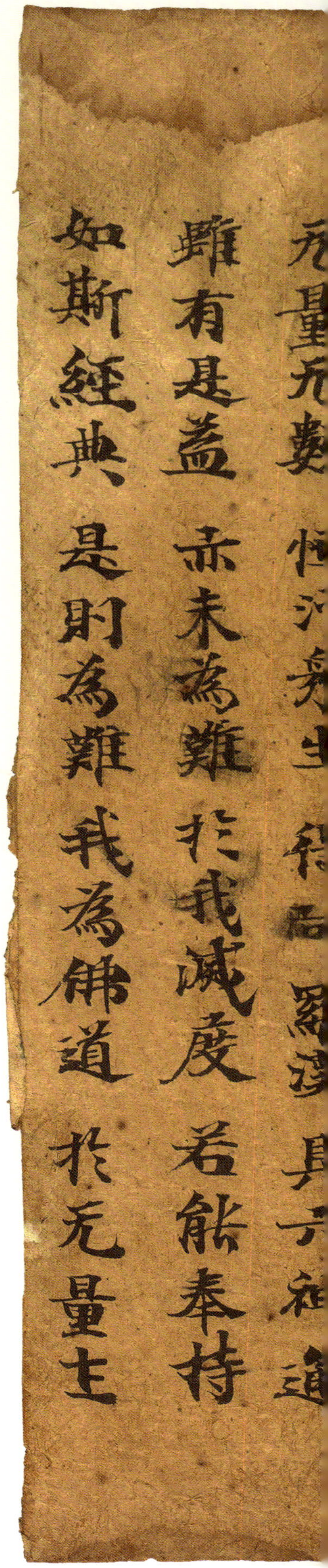

无量无數　恒沙衆生　得阿羅漢　具六神通
雖有是益　亦未為難　於我滅度　若能奉持
如斯經典　是則為難　我為佛道　於无量土

BD00232B　妙法蓮華經卷四

圖書在版編目（CIP）數據

中國國家圖書館藏敦煌文獻．第一七册／中國國家圖書館編．—北京：國家圖書館出版社，2023.12

ISBN 978-7-5013-7892-0

Ⅰ．①中… Ⅱ．①中… Ⅲ．①敦煌學－文獻 Ⅳ．①K870.6

中國國家版本館 CIP 數據核字（2023）第 208502 號

書　　名	中國國家圖書館藏敦煌文獻・第一七册
著　　者	中國國家圖書館　編
項目統籌	魏　崇　殷夢霞
責任編輯	黄　鑫　程魯潔　潘　竹　苗文葉
責任校對	劉　倩　王　衡
出版發行	國家圖書館出版社（北京市西城區文津街 7 號　100034） （原書目文獻出版社　北京圖書館出版社） 010-66114536　63802249　nlcpress@nlc.cn（郵購）
網　　址	http://www. nlcpress. com
排版印裝	天津裕同印刷有限公司
版次印次	2023 年 12 月第 1 版　2023 年 12 月第 1 次印刷
開　　本	787 × 1092　1/8
印　　張	44
書　　號	ISBN 978-7-5013-7892-0
定　　價	2800.00 圓